DIE 10 NEUEN REGELN DER UNTERNEHMENS NACHHALTIGKEIT

Erreichen Sie Erfolg, Harmonie und Erfüllung in einer neuen Ära unternehmerischer Nachhaltigkeit

Chin-Ling Loh

Titel: Die 10 neuen Regeln unternehmerischer Nachhaltigkeit

Autor: Chin-Ling Loh

Alle Rechte vorbehalten

Herausgeber: Unabhängig veröffentlicht

ISBN: 9798879804508

ASIN: B0CWB5PSC7

Datum: 18. August 2022

INHALT

NACHHALTIGKEIT DAMALS, HEUTE UND IN DER ZUKUNFT

Nachhaltigkeit ist ein Schlagwort, das sich auf jeden Aspekt unseres Lebens anwenden lässt und es zu einem der aktivsten Themen des 21. Jahrhunderts macht. Allerdings unterscheidet sich der Begriff Nachhaltigkeit, wie wir ihn heute kennen, von dem von 1987 (Brundtland-Kommission) und wird voraussichtlich auch in Zukunft anders sein. Nachhaltigkeit konzentriert sich darauf, die Bedürfnisse der Gegenwart zu erfüllen, ohne die Fähigkeit zukünftiger Generationen zu gefährden, ihre eigenen Bedürfnisse zu befriedigen. Das wachsende Bewusstsein für unseren übermäßigen Ressourcenverbrauch und unsere Abhängigkeit von fossilen Brennstoffen beeinflusste die neue Definition von Nachhaltigkeit in diesem Jahrzehnt. Das heißt: Wie können Menschen nachhaltig auf dem Planeten leben? Schätzungen zufolge gibt es in der wissenschaftlichen Literatur über 300 Definitionen von Nachhaltigkeit und nachhaltiger Entwicklung (Johnston 2007). Im Unternehmen gibt es drei Dimensionen zur Bewertung nachhaltiger Unternehmenspraktiken im Rahmen der Umwelt soziale Governance (ESG): die Unternehmensführung eines Unternehmens auf die Umwelt und die Auswirkungen, die ein Unternehmen auf die Gesellschaft hat, um diese Bereiche positiv zu beeinflussen. Der Begriff ESG wurde erstmals im Jahr 2004 verwendet, als Kofi Annan, der damalige UN-Sekretär, Wege finden wollte, Umwelt-, Sozial- und Governance-Belange in eine Kapitalmarktstudie mit dem Titel "Who Cares Wins" (U.N. Global Compact 2004) zu integrieren.

Im Unternehmen gibt es drei Dimensionen zur Bewertung nachhaltiger Unternehmenspraktiken im Bereich Umwelt, Soziales und Governance (ESG): die Corporate Governance eines Unternehmens auf die Umwelt und die Auswirkungen, die ein Unternehmen auf die Gesellschaft hat, um einen positiven Einfluss auf diese Bereiche zu haben. Der Begriff ESG wurde erstmals im Jahr 2004 verwendet, als Kofi Annan, der damalige UN-Sekretär, Wege finden wollte, um Umwelt-, Sozial- und Governance-Belange in eine Kapitalmarktstudie mit dem Titel "Who Cares Wins" (U.N. Global Compact 2004) zu integrieren.

Der Hauptunterschied zwischen ESG und Nachhaltigkeit besteht darin, dass ESG spezifische Kriterien festlegt (Camilleri 2015), um Umwelt, Soziales und Governance zu definieren. ESG weist auf eine Reihe spezifischer Kriterien hin, die die Unklarheiten der Nachhaltigkeit beseitigen. Das ESG-Programm basiert auf einem umfassenden Rahmenwerk, das Schlüsselelemente rund um ökologische und soziale Auswirkungen sowie die Art und Weise umfasst, wie Governance-Strukturen reguliert werden, um das Wohlergehen der Stakeholder zu maximieren. Unternehmen werden aufgefordert, bei der Übernahme von Umwelt-, Sozial- und Corporate-Governance-Grundsätzen und -Richtlinien eine Vorreiterrolle zu übernehmen und Informationen und Berichte über relevante Leistungen in einem einheitlicheren und standardisierten nichtfinanziellen oder Nachhaltigkeitsberichtsformat bereitzustellen. Sie müssen Wesentlichkeitsprobleme und Werttreiber identifizieren und erläutern und Umwelt-, Sozial- und Governance-Belangen Priorität einräumen. Sie ist davon überzeugt, dass die ESG-Informationen den Finanzmärkten am besten über herkömmliche Kommunikationskanäle im Bereich anlegerbeziehungen kommuniziert werden können, und empfiehlt gegebenenfalls eine ausdrückliche Aufnahme in den Jahresbericht eines Unternehmens. Unternehmen sollten sowohl positive als auch negative Aspekte von ESG berücksichtigen.

Was sind die Hindernisse für ein nachhaltigeres Unternehmen?

ESG für Unternehmen ist angesichts der globalen COVID-19-Pandemie, der Krise unlauterer Handelspraktiken, der Auswirkungen auf die Verbraucherpreisinflation, der Klimakatastrophe und der Bewegung zur Abschaffung des strukturellen Rassismus wichtiger denn je. Zu den Hindernissen auf dem Weg zu einem nachhaltigeren Unternehmen gehört der Verlust des Vertrauens in den Weltkonzern. Das Bedürfnis nach Wissen für Transparenz in der Berichterstattung, eine verstärkte öffentliche Kontrolle der wachsenden Ungleichheit, erhöhte Gefahren und Risiken des Klimawandels, Ressourcenunsicherheit, Verschwendung, Vielfalt, Korruption und neue Bewegungen der Zivilgesellschaft und vieles mehr.

Viele Unternehmen betreiben immer noch einen nicht nachhaltigen Ressourcenverbrauch und verkaufen gleichzeitig zu viel Nachhaltigkeit, da sie aus Unwissenheit kaum die Kosten für den Umgang damit tragen können. Ein weiteres nicht nachhaltiges Hindernis ist die Fehlausrichtung, die wettbewerbsorientierte Priorisierung der Unternehmensnachhaltigkeit und die finanziellen Auswirkungen auf das Unternehmen während der gesamten Design- und Entwicklungsphase von Geschäftsprozessen, Produkten und Dienstleistungen. Unternehmen stellen möglicherweise im Laufe der Zeit auch fest, dass sie sich der tatsächlichen Kosten und Risiken, die mit ihrem Geschäft verbunden sind, nicht vollständig bewusst sind, da Kennzahlen zur Erfassung der gesamten ESG-Ausgaben fehlen.

Unternehmen verfügen häufig nicht über die internen Verfahren, die zur korrekten Bewertung der Vorteile des ökologischen Nachhaltigkeitsmanagements erforderlich sind, wie z. B. die geringere

Gefährdung durch Energiepreisschwankungen, Wasserrisiken und andere Umweltauswirkungen von Betriebsabläufen und Versorgungsnetzen. Beispielsweise werden Klimawandel und Wasserknappheit nicht wirksam in die langfristige Geschäftsplanung einbezogen. Infolgedessen verpassen Unternehmen häufig Gelegenheiten zur Steigerung ihrer Finanzleistung durch die Umsetzung von Umweltverbesserungen in Prozessen und Produktlinien – ein weiteres Beispiel dafür, dass den Nachhaltigkeitsproblemen in den globalen Lieferketten des Unternehmens wenig Beachtung geschenkt wird.

Es ist schwierig, die Vorgehensweise eines etablierten Unternehmens zu ändern, insbesondere weil die Umstellung der Unternehmensabläufe auf mehr Umweltfreundlichkeit kostspielig sein kann, zumindest im Hinblick auf die Vorabausgaben, was dazu führt, dass Unternehmen zögern, wesentliche Anpassungen vorzunehmen. Zur Förderung echter Nachhaltigkeit gehört es auch, die Kunden davon zu überzeugen, weniger zu verbrauchen, was die Rentabilität beeinträchtigen könnte.

Unabhängig von den Hindernissen bietet eine nachhaltige Entwicklung die beste Gelegenheit, unseren Kurs zu korrigieren. Das Unternehmen sollte bestrebt sein, ein nachhaltiges Geschäft auf eine Art und Weise zu erreichen, die die Zugänglichkeit der Lieferkette, die Kunden können es sich leisten können, die Regulierungsbehörden zulassen und den technologischen Fortschritt unterstützen. Unternehmen müssen proaktiv eine Rolle beim Aufbau einer integrativeren und nachhaltigeren Sozialwirtschaft spielen.

WIR LEBEN IN DER MODERNEN WELT UND GEHEN WEITERHIN EINEN NICHT NACHHALTIGEN WEG

"Der Geist ist wie ein Eisberg; er schwebt mit einem Siebtel seiner Masse über Wasser." Sigmund Freud.

Abbildung 1: Eisberg der Nachhaltigkeit

Auf die Frage "Was ist Nachhaltigkeit?" Der Begriff kann für verschiedene Menschen je nach Kontext und Interessengruppen unterschiedliche Bedeutungen haben. Die Definition von Nachhaltigkeit wird immer noch diskutiert. Viele fühlten sich gezwungen, eine klarere Definition des Konzepts und eine neue Vision für eine nachhaltige Zukunft zu fordern. Unsere häufigste Antwort lautet jedoch: "Die Welt bleibt auf einem unhaltbaren Weg." Ich untersuche, warum immer mehr Menschen so denken, trotz über 500 international vereinbarter Ziele und Vorgaben zur Unterstützung des nachhaltigen Managements der Umwelt und zur Verbesserung des menschlichen Wohlbefindens (UN-Umweltprogramm 2019). Wir sehen, dass alle Arbeitsprognosen zur Realität werden, mit ständigen Störungen, die durch unvorhersehbare und unkontrollierbare externe Kräfte wie Technologie, Wirtschaft sowie gesellschaftliche, ökologische und klimatische Veränderungen verursacht werden. Wie bei einem Eisberg der Nachhaltigkeit verbirgt sich immer mehr unter der Oberfläche.

Allerdings gibt es auch Belege dafür, dass internationale Vereinbarungen und die Beteiligung von Unternehmen in einigen Bereichen erfolgreich waren. Wir müssen aus diesen Erfolgen lernen und die Ziele der nachhaltigen Entwicklung nutzen, um gegen diese sich beschleunigenden Trends der Umweltzerstörung vorzugehen. Um Umwelt-, Sozial- und Governance-Belange wirksam anzugehen, ist es notwendig, ihre umfassenderen Auswirkungen auf Menschen, Wirtschaft, Gesellschaft, Märkte, Institutionen, Justiz, Sicherheit und Kultur zu verstehen. Die wissenschaftliche Evidenzbasis enthält Erfolge und Misserfolge bei der Bewältigung dieser Bedenken sowie Vorschläge für Aktivitäten, um sicherzustellen, dass bestehende und zukünftige Probleme fair und effektiv angegangen werden. Diese handlungsorientierte und auf Interessengruppen ausgerichtete Strategie hat die gewünschten Eigenschaften, das Feedback der Entscheidungsträger in den Prozess der Wissensgenerierung einzubeziehen und die Zeit zu verkürzen, die für die Anwendung der Informationen und des Wissens erforderlich ist.

Was hat das mit den Konzernen zu tun?

Was hat das mit Unternehmen zu tun, wenn doch viele von uns glauben, wir leben in einer nicht nachhaltigen wirtschaftlichen Entwicklung? Die Grundlage nachhaltigen Wirtschaftens ist das Bewusstsein, dass Unternehmen umweltschädliche Aktivitäten aktiv durch umweltschonende ersetzen können. Ein nachhaltiges und integratives Wirtschaftswachstum kann den Fortschritt vorantreiben, menschenwürdige Arbeitsplätze für alle schaffen und den Lebensstandard verbessern. Nachhaltiges Wirtschaften bedeutet, mit weniger mehr zu erreichen. Darüber hinaus befreit es das Wirtschaftswachstum von Umweltzerstörungen, verbessert die Ressourceneffizienz und fördert umweltfreundliche Produkte und Dienstleistungen.

Unternehmensnachhaltigkeit ist eine Strategie, die sich auf die Governance-, ethischen, sozialen, ökologischen, kulturellen und wirtschaftlichen Komponenten der Geschäftstätigkeit konzentriert, um langfristig einen Mehrwert für die Stakeholder zu schaffen. Die 10 neuen Regeln der Unternehmensnachhaltigkeit können Unternehmen Einblicke bieten, wie sie sich in einer nicht nachhaltigen modernen Welt zurechtfinden und in einer neuen Welt der Unternehmensnachhaltigkeit Erfolg, Harmonie und Erfüllung erreichen können. Wenden Sie sie auf die täglichen Aktivitäten des Unternehmens an, um ein erfüllendes und erfolgreiches Geschäft aufzubauen, unabhängig von störenden externen Kräften, denen das Unternehmen möglicherweise ausgesetzt ist.

REGEL EINS: DER WEG ZUR NACHHALTIGKEIT

Nachhaltigkeitskultur für das Gemeinwohl

"Die Reise von tausend Meilen beginnt
mit einem Schritt." Laotse.

Die Menschen schätzen die Nachhaltigkeitskultur von Unternehmen, weil sie die Unternehmensidentität definiert. Es vermittelt und teilt die Werte des Unternehmens und vermittelt den Stakeholdern die Bedeutung von Partnerschaft und den Weg zur Nachhaltigkeit. Der Weg jedes Unternehmens ist anders und der Weg zur Nachhaltigkeit muss nicht beschwerlich sein. Der erste Schritt zur Nachhaltigkeit kann darin bestehen, die Roadmap des Unternehmens zu formulieren. Die Nachhaltigkeits-Roadmap ist eine Technik, um die Strategie des Unternehmens und die Schritte zu skizzieren, die dem Unternehmen helfen sollen, in den Bereichen voranzukommen, die am wichtigsten sind. Die Roadmap bietet Unternehmen Empfehlungen zur Umsetzung nachhaltigkeitsbezogener Ziele und Taktiken im gesamten Unternehmen. Der Weg zur Nachhaltigkeit begann mit der Erfüllung der Bedürfnisse der Gegenwart.

Die gegenwärtigen Bedürfnisse können in Maslows Bedürfnishierarchie (Maslow 1943) mit einer Zukunftsperspektive auf Nachhaltigkeit widergespiegelt werden. Maslow geht davon aus, dass jede unserer Handlungen von einem intrinsischen Drang nach Befriedigung motiviert ist. Das Unternehmen muss Maslows Hierarchie der Bedürfnisse nach Nachhaltigkeit nutzen, mit einem Mehrwert für physiologische, Sicherheits-, Zugehörigkeits-, Wertschätzungs- und Verwirklichungsbedürfnisse. Die physiologische Notwendigkeit besteht darin, zukünftige Trends am Arbeitsplatz mit zielgerichteter Arbeit und Leidenschaft für das Gemeinwohl und nicht nur für Geld einzubeziehen. Mitarbeiter möchten mit ihrer Arbeit einen sinnvollen sozialen und ökologischen Beitrag leisten, um ihre Mission zu erfüllen.

Abbildung 1: Anforderungen der Maslow-Hierarchie an Nachhaltigkeit

Die Sicherheit muss den Kreis des Wohlbefindens einbeziehen, um Technologie, Bewusstsein und Bildung zu integrieren, um das allgemeine Wohlbefinden in einer nachhaltigen Work-Life-Balance zu unterstützen. Das Bedürfnis nach Liebe und Zugehörigkeit beinhaltet Nachhaltigkeit im Handeln mit Gemeinschaftsgefühl und Teil der Lösungen. Handeln Sie jetzt für die Zukunft in Bezug auf Klimawandel und Kreislaufwirtschaft. Das Bedürfnis nach Wertschätzung umfasst Nachhaltigkeitswerte und Unternehmenskultur. Der unternehmenskulturelle Wert der Nachhaltigkeit ist mit den aktuellen gesellschaftlichen Normen und dem historischen Verhältnis der

Menschen zur Natur verknüpft. Menschen sind eher geneigt, sich nachhaltig für eine bessere Welt zu engagieren, wenn sie kulturelle Werte haben. Die Notwendigkeit einer Verwirklichung, unterstützt durch eine Philosophie mit langfristiger Perspektive und Nachhaltigkeit, gleicht ökologische, soziale und wirtschaftliche Belange aus und konzentriert sich auf die Zukunft, um das Wohlergehen künftiger Generationen zu gewährleisten und die Zukunft der Menschheit zu verbessern.

Stakeholder möchten wissen, was Unternehmen tun, um die Gesellschaft zu verbessern. Bevor Menschen Geschichten über die größere Mission, den Zweck und die Marke eines Unternehmens hören, müssen sie sich darauf verlassen können, dass es den Sicherheits- und physiologischen Anforderungen der Gesellschaft gerecht wird. Halten Sie also die Nachhaltigkeits-, Umwelt- und Sozialstrategie sowie die Aktionspläne des Unternehmens auf Kurs. Kommunizieren und erklären Sie, wie das Unternehmen Menschen und Gemeinschaften durch Nachhaltigkeit, Umwelt- und Sozialverantwortung auf Dauer dienen möchte. Dies wird es dem Unternehmen ermöglichen, echte Verbindungen zu den Stakeholdern herzustellen und das Unternehmen als langfristigen, perspektivischen Führer und Problemlöser zu positionieren.

Eine Roadmap beschreibt den Nachhaltigkeitsplan und die Schritte, die Sie beim Erreichen der Unternehmensziele unterstützen. Viele Unternehmen versuchen, Nachhaltigkeitsmaßnahmen in ihre grundlegenden Geschäftsstrategien zu integrieren. Unternehmen können Nachhaltigkeits-Roadmaps und -Strategien auf die gleiche Weise übernehmen, wie andere strategische Pläne entwickelt werden.

Die Nachhaltigkeits-Roadmap beginnt mit der Einführung einer unternehmerischen Nachhaltigkeitskultur zum Wohle des Gemeinwohls, die die Kontrolle von Risiken und Auswirkungen relevanter Themen sowie die Übernahme von Verantwortung für ethisches Verhalten umfasst. Machen Sie auf dem Weg zur Nachhaltigkeit einen wirksamen Schritt zur Entwicklung von Kompetenzen, guten Richtlinien und Zusammenarbeit. Integrität, Transparenz und unabhängige Aufsicht sind Bestandteile der Rechenschaftspflichtphase. Fairness, Gleichheit und Nichtdiskriminierung sind Schritte im Inklusivitätsprozess.

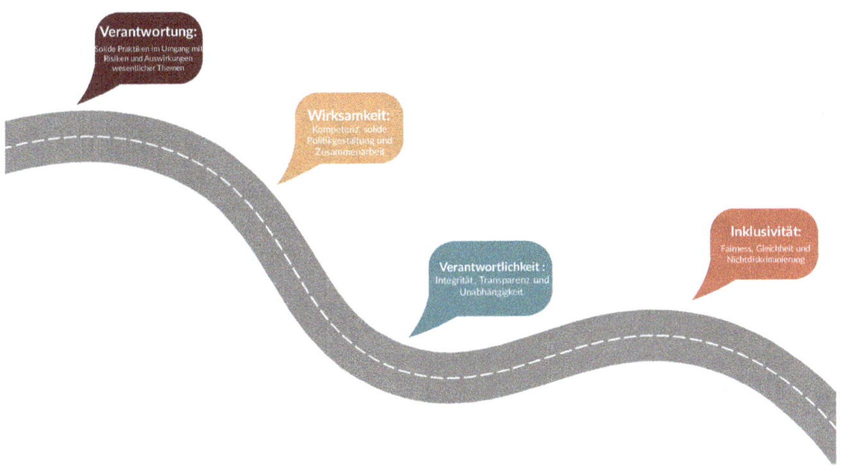

Abbildung 2: Körperschaftliche Nachhaltigkeit Governance Roadmap

Welche Wesentlichkeit sollte bei der nachhaltigen Entwicklung priorisiert werden?

(U.N. Global Compact 2018)Die Roadmap zur integrierten Nachhaltigkeit erforderte eine Priorisierung der Funktionen der Organisation in Übereinstimmung mit den kulturellen Werten, der Vision, der Mission, den Prinzipien, den Verpflichtungen und den strategischen Zielen des Unternehmens. Die Lücke zwischen Ideen und Maßnahmen im Bereich der Nachhaltigkeit von Unternehmen kann durch die Entwicklung einer klaren Roadmap und Meilensteine geschlossen werden, um echte Maßnahmen zur Umsetzung der Nachhaltigkeits-Roadmap zu ergreifen.

Was ist los?

- Partnerschaft für Nachhaltigkeit in Bezug auf ESG-Belange, an der mehrere Interessengruppen beteiligt sind, von Menschenrechten bis hin zum Klimawandel.
- Arbeiten Sie mit Branchenverbänden, zivilgesellschaftlichen Gruppen und Regierungen weltweit zusammen, um Best Practices zu fördern, die Perspektiven und Erfahrungen anderer zu hören, von Menschen zu lernen und neuartige Lösungen zu skalieren, die bemerkenswerte Veränderungen bewirken und allen helfen können, voranzukommen.
- Bieten Sie den Weg und die Möglichkeiten für eine zukünftige Karriere.

Was sind die Best Practices und Richtlinien?

- Politik der Geschäftsethik.

- Verhaltenskodex.
- Umwelt-, Sozial- und Governance-Politik.
- Politik der sozialen Verantwortung des Unternehmens.
- Arbeits- und Gesundheitsschutzpolitik.
- Qualitätspolitik.

Was sind die Metriken, Ziele und Ziele?

- Kennzahlen zu Beschäftigungs- und Arbeitspraktiken.
- Kennzahlen zur Sicherheit und zum Gesundheitsschutz bei der Arbeit.
- Lern- und Weiterbildungsmetriken.
- Kennzahlen zum Engagement von Nachhaltigkeits-Stakeholdern.
- Verpflichtungen zu hohen internationalen ESG-Standards.
- Ausrichtung an den Prinzipien des UN Global Compact.
- Bekenntnis zur ILO-Erklärung der Internationalen Arbeitsorganisation über grundlegende Prinzipien und Rechte bei der Arbeit.

Potenzieller Nutzen

- Nachhaltigkeit gleicht ökologische, soziale und wirtschaftliche Belange aus und konzentriert sich auf die Zukunft, um das Wohlergehen der kommenden Generationen zu sichern und die Zukunft der Menschheit zu verbessern.
- Menschen neigen eher dazu, im Geschäftsleben nachhaltig zu handeln, wenn sie einen kulturellen Wert haben. Es verbesserte die Produktivität, verbesserte die Einhaltung sozialer Standards, neue Kunden und Märkte.
- Es steigerte die Effizienz, senkte die Kosten und verbesserte die Arbeitsmoral der Mitarbeiter.

- Es stärkte das Image der Öffentlichkeit, der Regulierungsbehörden, der Kreditgeber, der Investoren und der Stakeholder für ESG-Themen und -Verantwortlichkeiten.

- Es vermittelt ein Gemeinschaftsgefühl und ist Teil der Lösungen. Handeln Sie jetzt für die Zukunft in Bezug auf Klimawandel und Kreislaufwirtschaft.

- Integrieren Sie Technologie, Bewusstsein und Bildung, um das allgemeine Wohlbefinden in einer nachhaltigen Work-Life-Balance zu unterstützen.

- Es bereitete einen zukünftigen Arbeitsplatz für Sinn und Leidenschaft für das Gemeinwohl vor.

REGEL ZWEI:

WERTVERSPRECHEN SCHÜTZEN

Neue Ziele setzen, Nachhaltigkeitskultur stärken

"Studiere die Vergangenheit, wenn du
die Zukunft definieren willst."
Konfuzius

Einer der Hauptfaktoren, die die Wettbewerbsfähigkeit von Unternehmen beeinflussen, ist die wachsende Nachfrage nach umweltfreundlichen Produkten und Dienstleistungen. Die Lösung sozialer, ökologischer und wirtschaftlicher Probleme wird als strategisches Ziel eines neuen Unternehmens und als mögliche Quelle von Wettbewerbsvorteilen angesehen. Unternehmen benötigen ein tieferes Verständnis dafür, wie sie den Nachhaltigkeitsansatz in das Wertversprechen integrieren können, neue Ziele zu setzen und eine Nachhaltigkeitskultur zu stärken. Die Entwicklung eines Nachhaltigkeits-Wertversprechens ist Teil der Geschäftsstrategie eines Unternehmens, in der es verspricht, den aktuellen und zukünftigen Stakeholdern ein positives Erlebnis, Dienstleistungen und einen gemeinsamen Wert zu bieten.

Die Ziele für nachhaltige Entwicklung (Sustainable Development Goals, SDGs) der Vereinten Nationen geben Regierungen und Unternehmen ehrgeizige Ziele vor, um die Umsetzung einer nachhaltigen Entwicklung bis 2030 zu fördern. Die Nachhaltigkeitsstrategie der Organisation ist mit den Zielen für nachhaltige Entwicklung der Vereinten Nationen verknüpft, die auf ESG-Umwelt-, Sozial- und Governance-Aspekten oder -Elementen basieren. Auf der anderen Seite werden ehrgeizige Ziele und Vorgaben für nachhaltige Entwicklung nicht zu Veränderungen führen. Spezifische Handlungs- und Entscheidungsverfahren müssen auf globaler, Unternehmens- und Marktebene entwickelt werden. Verpflichtungen und die Ausrichtung auf die Ziele für nachhaltige Entwicklung der Vereinten Nationen sind ein Garant für ein Wertversprechen für alle, global zu denken und lokal zu handeln. (U.N. General Assembly 2015).

Abbildung 3: Schritte zur Sicherung des Nachhaltigkeitswertversprechens

Was sind Nachhaltigkeitswerte?

Die Beantwortung der Frage "Was sind organisatorische Nachhaltigkeitswerte?" beinhaltet in gewisser Weise die Betrachtung des Unternehmenswerts im Kontext der Nachhaltigkeit. Die meisten Unternehmen assoziieren das Konzept der Nachhaltigkeit in erster Linie mit wirtschaftlichem Wohlstand, sozialer Inklusion und Umweltschutz, zu denen finanzielle Stärke und qualitativ hochwertige Produkte oder Dienstleistungen gehören, die sogenannte Triple Bottom Line von Profit, Menschen und dem Planeten. Die Zusammenarbeit erfordert den

Wunsch nach gemeinsamen Werten, die Identifizierung von Gemeinsamkeiten bei der Verfolgung der festgelegten Ziele und die anschließende Zusammenarbeit, um den Nutzen oder das Wertversprechen für alle beteiligten Stakeholder zu verbessern. Nach dem integrierten Denken haben alle Organisationen sechs grundlegende Wertversprechen oder Kapitalien. Es kann im Laufe der Zeit weiterhin Wert freisetzen und gleichzeitig seine Kraft zur Wertsteigerung in der Zukunft erhöhen. Diese anderen Kapitalien werden als finanzielle, industrielle, intellektuelle, menschliche, soziale und beziehungsbezogene und natürliche Kapitale identifiziert. Die Schritte zur Sicherung des Werteversprechens der organisatorischen Nachhaltigkeit sind wie folgt: (Florea 2013) (Elkington 2018) (IIRF 2013)

Zuerst muss ein Unternehmen herausfinden, worauf es bei möglichen Auswirkungen ankommt. Bei der Schlüsselwertschöpfung geht es darum, die bestehenden und zukünftigen Hauptvorteile eines bestimmten Gebrauchswerts für wichtige Stakeholder zu ermitteln und den produzierten Nachhaltigkeitswert zu vergleichen. Um mit der Suche nach den grundlegenden Nachhaltigkeitsprinzipien Ihres Unternehmens zu beginnen, sollten Sie sich überlegen, was auf globaler Ebene am wichtigsten ist, wie z. B. die Bekämpfung des Klimawandels, die Einführung erneuerbarer Energien, die Verschmutzung durch Kunststoffe, eine Kreislaufwirtschaft und den Verlust der biologischen Vielfalt, um nur einige zu nennen.

Zweitens: Verstehen Sie die wichtigsten Stakeholder bei der Abstimmung der zentralen Nachhaltigkeitswerte mit einer fein abgestimmten Kommunikationsstrategie und bauen Sie die Kultur und Gemeinschaft der Nachhaltigkeitswertversprechen des Unternehmens auf, um eine sinnvolle Beziehung zu wichtigen Stakeholdern zu gewährleisten. Unternehmen werden gegenüber ihren Stakeholdern zur Rechenschaft gezogen, wenn sie Umweltvorschriften einhalten und die Lebensqualität verbessern oder nicht verringern. Eine immer wichtigere

Rolle der Stakeholder in der nachhaltigen Entwicklung besteht darin, die Strategien eines Unternehmens zu hinterfragen und zu erkennen, dass Nachhaltigkeit immer noch profitabel sein kann, ohne erhebliche Umweltschäden zu verursachen.

Drittens: Stehen Sie für Nachhaltigkeit. Umwelt-, Sozial- und Governance-Herausforderungen werden für alle Unternehmen immer wichtiger. Nachhaltigkeit ist eine Geschäftsstrategie zur langfristigen Wertschöpfung, bei der berücksichtigt wird, wie ein Unternehmen in seinem ökologischen, sozialen und wirtschaftlichen Kontext funktioniert. Nachhaltigkeit ist, wenn die Einrichtung solcher Maßnahmen die Lebensdauer eines Unternehmens fördert. Unternehmen erkennen die Notwendigkeit, auf Nachhaltigkeit zu setzen, da die Anforderungen an die unternehmerische Verantwortung steigen und Transparenz weit verbreitet ist. Professionalität und gute Absichten reichen nicht mehr aus. Unternehmen, die sich von der Masse abheben, beziehen Nachhaltigkeit in ihre Strategie, ihr Geschäftsmodell und ihren Wettbewerbsvorteil ein, wenn sie einige wesentliche Themen angehen.

Und schließlich: Bleiben Sie konsequent bei den Zielen. Die meisten Unternehmen haben möglicherweise Schwierigkeiten, die wichtigsten Leistungsindikatoren, Ziele und Vorgaben ihrer Nachhaltigkeitsinitiativen zu quantifizieren. In Bezug auf die Compliance ist der Schlüsselleistungsbereich ein einfaches Thema. Der zentrale Leistungsbereich des Wettbewerbsvorteils muss Nachhaltigkeit jedoch kontinuierlich mit Zielen und Vorgaben in Verbindung bringen. Wenn Unternehmen, Regierungen und Bürger als internationale Gemeinschaft funktionieren, kann die Welt bessere Fortschritte bei der nachhaltigen Entwicklung erzielen.

Einer der offensichtlichsten Vorteile für Unternehmen besteht darin, dass die SDGs neue Märkte und Möglichkeiten eröffnen können. Es gibt den Mitarbeitern auch Motivation, im Unternehmen zu bleiben.

Unternehmen, die eine konsistente und stabile Leistung sicherstellen wollen, müssen sich verstärken und ihre Relevanz in der Zukunft sichern. Dem Trend der Nachhaltigkeit sollte man sich nicht entgegenstellen. Die Politik in Entwicklungsländern betont Offenheit, Rechenschaftspflicht und Umweltschutz. Dies erhöht die Risiken, die mit dem Erwerb einer Lizenz für den Betrieb in einigen Ländern verbunden sind, erheblich. Die Einhaltung gesetzlicher Vorschriften und die Tatsache, dass sie der Zeit voraus sind, helfen Unternehmen, Risiken zu managen. Ein weiterer Vorteil ist die Möglichkeit zur Rohstoffoptimierung. Ein reduzierter Verbrauch von Ressourcen wie Wasser und Energie senkt die Kosten und reduziert gleichzeitig den ökologischen Fußabdruck. Viele Unternehmen haben dies erkannt und bereits begonnen, in eine bessere Zukunft zu investieren, indem sie aktiv Richtlinien umsetzen, um Nachhaltigkeitsvisionen und -ziele in die Strategie aufzunehmen.

Was ist los?

- Aufdeckung wesentlicher Themen, möglicher Auswirkungen, Schlüsselwertschöpfung für wichtige Stakeholder und Vergleich des produzierten Nachhaltigkeitswerts.
- Unternehmen verlassen sich auf weitsichtige Pioniere des gesellschaftlichen Engagements, um Gesundheit, Sicherheit, ethische Geschäftspraktiken und ESG-Wohlbefinden im gesamten Geschäftsbetrieb, in der Wertschöpfungskette und darüber hinaus weiter zu verbessern.

Was sind die Best Practices und Richtlinien?

- Nachhaltigkeitskultur, Vision und Leitbild des Unternehmens.
- Verpflichtung zu den Zielen und Vorgaben der Vereinten Nationen für nachhaltige Entwicklung.

- Bekenntnis zur Erklärung der Internationalen Arbeitsorganisation (ILO) über grundlegende Prinzipien und Rechte bei der Arbeit.
- Bekenntnis zu den zehn Prinzipien des Global Compact der Vereinten Nationen.

Was sind die Metriken, Ziele und Ziele?

- Effektive Nachhaltigkeits-Governance auf Vorstandsebene.
- Die Wesentlichkeitsmatrix liefert die relative Bedeutung bestimmter ESG- und Nachhaltigkeitsthemen.
- Ausrichtung an den Zielen und Vorgaben der Vereinten Nationen für nachhaltige Entwicklung.

Potenzieller Nutzen

- Identifiziert diese anderen Kapitale als finanzielle, industrielle, intellektuelle, menschliche, soziale und Beziehungen und natürliche Kapitalien in einer langfristigen Perspektive von Wertversprechen im Laufe der Zeit, während sie gleichzeitig ihr Potenzial entwickeln, weiterhin zukünftigen Wert zu produzieren.
- Schaffung neuer Geschäftsmöglichkeiten.
- Mitarbeiter sind der Meinung, dass ihre Arbeit sinnvoller ist, wenn sie soziale und ökologische Herausforderungen positiv beeinflussen können.
- Risikomanagement und Betriebsgenehmigungssicherung.
- Es maximiert die Unternehmensressourcen und schafft Wert.
- Der Konkurrenz immer einen Schritt voraus sein.

REGEL DREI: TIEF IN DER DNA DER NACHHALTIGKEIT

Gemeinsamer Wert mit der Gemeinschaft sowie Fürsorge für die Menschen

"Für einen Menschen mit nur einem Hammer sieht alles, was ihm begegnet, wie ein Nagel aus." Maslow.

Ein neues Zeitalter einer Nachhaltigkeitsrevolution ist mindestens so stark wie die vierte industrielle Revolution. Die langfristige Perspektive der Nachhaltigkeits-DNA ist das Herzstück der gleichzeitigen und zukünftigen Wettbewerbsfähigkeit von Unternehmen und Organisationen. Wie die DNA von Lebewesen, der Mechanismus der Evolution, ist auch der Wettbewerb zwischen Lebewesen ein wichtiger Teil des Kampfes ums Dasein. Die Wettbewerbsfähigkeit von Unternehmen erfordert neue organisatorische und exekutive Fähigkeiten für Unternehmen, die ökologische und soziale Auswirkungen mit Shareholder Value, Engagement, Ausrichtung und Verantwortlichkeit verbinden. (Schwab 2017)

Die Einbeziehung von Stakeholdern erfordert zusätzliche Anstrengungen beim Übergang zu nachhaltigeren Unternehmenspraktiken . Es ist eine erhebliche organisatorische Umstrukturierung erforderlich, um von den wichtigsten Stakeholdern, die an integrierter Nachhaltigkeit interessiert sind, überzugehen. Führungskräfte müssen verstehen, was die Stakeholder erwarten und brauchen, und ihre Perspektiven in die Entscheidungsfindung einbeziehen. Das Unternehmen wird von wichtigen Stakeholdern profitieren, die sich durch ein starkes positives Engagement, eine stärkere Ausrichtung und eine effizientere Ressourcennutzung auszeichnen. Wenn man den Worten über Nachhaltigkeit Taten folgen lässt, scheint es Konsenslücken zwischen Unternehmen und Stakeholdern zu geben. Die Diskrepanz zwischen Führungskräften und ihren Stakeholdern in Bezug auf die Fortschritte bei der Nachhaltigkeitsleistung deutet darauf hin, dass die Stimmen der Stakeholder nicht aufmerksam gehört werden.

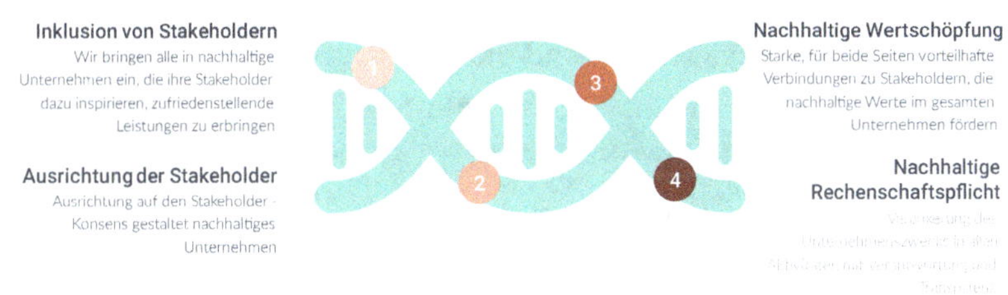

Abbildung 4: Nachhaltigkeits-DNA des Unternehmens

Verantwortungsbewusste Führungskräfte zeigen dauerhaften Wert und setzen nachhaltige Ziele in Maßnahmen und gerechte Auswirkungen für alle Stakeholder um. Ein wirklich nachhaltiges Unternehmen baut gesellschaftliche Verbindungen, kollektive Weisheit und gemeinsame Verantwortlichkeit auf. Nachhaltigkeit hat sich zu einer bedeutenden Quelle von Wettbewerbsvorteilen entwickelt. Um sie zu erschließen, müssen Führungskräfte Veränderungen herbeiführen und eine Stakeholder-zentrierte Organisation aufbauen, um die

Verbindungen im Herzen von Unternehmen zu stärken. Sie wird durch eine Technologie unterstützt, die es ihnen ermöglicht, die Standpunkte mehrerer Interessengruppen sofort zu messen und zu verstehen, zu überdenken, wie und warum Entscheidungen getroffen werden, und neue Gewohnheiten und Kapazitäten zu fördern. Nur dann werden sie in der Lage sein, nachhaltige Organisationen zu schaffen, die einen wirtschaftlichen Mehrwert bieten und gleichzeitig gute ökologische und soziale Auswirkungen haben.

Was ist los?

- Corporate Sustainability Shared Value durch das Engagement wichtiger Stakeholder.
- Soziale Kriterien berücksichtigen die Verbindungen und den Ruf des Unternehmens in seinen Geschäftskreisen.
- Fördern Sie das Engagement und die Ausrichtung von Stakeholdern.
- Tragen Sie zu einer nachhaltigeren Zukunft für alle Beteiligten bei.
- Transformieren Sie von der Umwelt-, Sozial- und Governance-Philosophie zu Nachhaltigkeitsmaßnahmen.

Was sind die Best Practices und Richtlinien?

- Erklärung zur Nachhaltigkeitspolitik.
- Politik zur Einbeziehung der Interessenträger.
- Nachhaltigkeitsvision und -missionen.

Was sind die Metriken, Ziele und Ziele?

- Effektives Engagement auf Stakeholder-Ebene.
- Bewertung des Engagements für Nachhaltigkeit.
- Stakeholder-Engagement-Score.
- ESG-Ratings.

Potenzieller Nutzen

- Die Einbeziehung aller in nachhaltige Unternehmen inspiriert die Stakeholder zu nachhaltigen Leistungen und zur Verbesserung der Moral der Stakeholder.
- Die Ausrichtung auf den Stakeholder-Konsens zur Gestaltung eines nachhaltigen Unternehmens stärkt das Bewusstsein der Stakeholder für ESG-Themen und -Verantwortlichkeiten
- Starke, für beide Seiten vorteilhafte Verbindungen zu Stakeholdern, die nachhaltige Werte im gesamten Unternehmen fördern, steigern die Effizienz.
- Bettet den Zweck der Organisation in alle Aktivitäten mit Verantwortung und Transparenz ein und stärkt den Ruf und das Vertrauen in die Öffentlichkeit, Regulierungsbehörden, Kreditgeber und Investoren.

REGEL VIER: MAESTRO-UNTERSCHIEDE

Berücksichtigen Sie Transparenz und Feedback der Stakeholder, sprechen Sie über Unterschiede, tauschen Sie Wünsche aus und lernen Sie gemeinsam.

"Die Stärke liegt in den Unterschieden, nicht in den Gemeinsamkeiten." Stephen Covey.

Menschen sind ein integraler Bestandteil jedes organisatorischen Nachhaltigkeitsplans. Diversität zu fördern, sich für Inklusion einzusetzen, ethisch und gerecht zu handeln und die Menschenrechte zu achten, sind für die Fürsorge der Interessengruppen von entscheidender Bedeutung. Die Vielfalt und Inklusion der Stakeholder mag ganz anders aussehen. In vielerlei Hinsicht können jedoch kleine Maßnahmen zur Diversität und Inklusion von Stakeholdern einen enormen Unterschied in der Nachhaltigkeit machen. Die meisten Stakeholder wollen glauben, dass sie ihren eigentlichen Verantwortungsbereich betreffen. Wenn Menschen glauben, dass ihre Bemühungen Einfluss haben, haben sie das Gefühl, dass ihre Arbeit gesellschaftliche, wirtschaftliche und ökologische Aspekte beeinflusst.

Die Nachhaltigkeitsveränderungen, die notwendig sind, um Unterschiede zu einer Stärke zu machen, sind nicht populär und einfach.

Es war schwierig, das in der Praxis zu realisieren. Einen Unterschied in der Welt zu machen, ist jedoch nicht nur ein Wunschtraum. Es ist etwas, das jeder Stakeholder durchführen kann, indem er ein Ziel erreicht und einen Schritt nach dem anderen macht.

(Barrett 2001)Richard Barrett hat das Seven Levels of Sustainability Model entwickelt, um die Bedürfnisse aller Stakeholder zu erfüllen, die auf eine nachhaltige Umwelt und Organisationskultur ausgelegt sind. Maslows Bedürfnishierarchie inspiriert das Modell. Die sieben Ebenen des unternehmerischen Nachhaltigkeitsmodells zeigen Bereiche auf, die menschliche Motivationen bilden. Das Nachhaltigkeitsmodell stellt diese Motivationsfaktoren in einem invertierten Trichterdiagramm dar. Diese menschlichen Motivationsfaktoren reichen vom Überleben bis zum Dienst im Vergleich zur organisatorischen Motivation.

Abbildung 5:Sieben Ebenen der Nachhaltigkeit

Die sieben Ebenen der Nachhaltigkeit schlagen ein Paradigma für organisatorische Reformen vor, die auf jeder der sieben Bewusstseinsebenen gute Eigenschaften aufweisen. Dieses Modell vermittelt in seiner Grundlage Wissen über die menschlichen Grundbedürfnisse und die Umwelt, in der er überleben muss. Stufe 1 dient dem Überleben und der Gewährleistung von finanzieller Stabilität, guter Gesundheit und Sicherheit. Level 2 verbindet Kundenzufriedenheit und offene Kommunikation, um soziale Nachhaltigkeit zu gewährleisten. Qualität, Produktivität und Leistung sind Leistungswerte, die auf Stufe 3 angezeigt werden. Stufe 4 steht für strukturelle Nachhaltigkeit durch Übergang oder Evolution. Alignment Level 5 konzentriert sich auf zwischenmenschliche Fähigkeiten wie Kreativität, Integrität, Enthusiasmus und Vertrauen. Stufe 6 der kommunalen Nachhaltigkeit umfasst das Engagement der Gemeinschaft, das Einfluss hat. Zu guter Letzt beinhaltet Stufe 7 den Zweck des Dienstes.

Die nachhaltige Entwicklung der Welt erfordert ein Gefühl des Mitgefühls, das Teilen von Glück mit gutem Willen und soziale Inklusion. Unser Verhältnis zur Menschheit ist eine Interessengemeinschaft. Das Teilen von Glück und Wohlwollen macht die Beziehungen zwischen Menschen zu den besten und nachhaltigsten. Der Ausbruch der Bevölkerung wird das Spiel und den Interessenkonflikt verschärfen, daher müssen wir Mut, Weitblick und Weisheit aufbringen, um nach einer nachhaltigen und harmonischen Entwicklungsrichtung zu suchen.

Was ist los?

- Zu den sozialen Kriterien gehören Vielfalt und Inklusion sowie Arbeitsbeziehungen, die jedes Unternehmen in einer größeren, stärker diversifizierten Gesellschaft betreibt.
- Es ist notwendig, in Vielfalt voranzugehen, sich für Inklusion zu engagieren, ethisch und gerecht zu handeln und die Menschenrechte zu achten.

Was sind die Best Practices und Richtlinien?

- Politik der Vielfalt und Inklusion.
- Menschenrechtspolitik.
- Richtlinie zur Nichtbelästigung und Diskriminierung.
- Richtlinie für Behinderung und angemessene Anpassungen.
- Flexibles Arbeiten.
- Richtlinie zum Schutz von Hinweisgebern.
- Richtlinie zur Barrierefreiheit in der Elektronik und Informationstechnologie
- Politik der finanziellen Inklusion.

Was sind die Metriken, Ziele und Ziele?

- Arbeits- und Menschenrechtskennzahlen.
- Kennzahlen zu Vielfalt und Inklusion.
- Soziale Compliance.

Potenzieller Nutzen

- Profitieren Sie von einem breiteren Spektrum an Perspektiven, Erfahrungen und Meinungen.
- Angesichts der zunehmenden Schwierigkeiten im Zusammenhang mit dem Klimawandel, der Ressourcenknappheit und dem Bevölkerungswachstum ist es wichtiger denn je, dass wir zusammenarbeiten, um vielfältige Gemeinschaften und einzigartige Stimmen einzubeziehen, um eine widerstandsfähigere Welt zu schaffen.
- Vielfalt verbessert die Zusammenarbeit zwischen Unternehmen, Regierungen, gemeinnützigen Organisationen und Einzelpersonen, die zusammenarbeiten können, um Gemeinschaften besser zu dienen.

- Die geschäftlichen Vorteile des Engagements für Gleichberechtigung sind nicht nur ethische, sondern auch intelligente Führung und hervorragende Geschäfte. Mitarbeiter in Unternehmen mit fortschrittlichen Diversitäts- und Inklusionsplänen sind eher loyal gegenüber ihrem Arbeitgeber, engagieren sich in innovativer Arbeit und engagieren sich für hohe Leistungen.

REGEL FÜNF: INTEGRATION VON UMWELT, SOZIALES UND GOVERNANCE

Zugänglichkeit und Ausgewogenheit der ESG-Dimensionen

"Zusammenkommen ist ein Anfang, Zusammenbleiben ist ein Fortschritt und Zusammenarbeit ist Erfolg." Henry Ford

Der damalige UN-Generalsekretär Kofi Annan legte Anfang 2004 die ESG-Prinzipien (Environment, Social, and Governance) fest. Er sprach vor rund 50 CEOs großer Finanzinstitute, um über die Bedeutung nachhaltiger Unternehmen zu sprechen. Ziel dieser Zusammenarbeit war es, Wege zu finden, um ESG in die Mainstream-Kapitalmärkte zu integrieren. Der Begriff ESG wurde erstmals im Zusammenhang mit sozial verantwortlichem Investieren verwendet. Das Ziel dieses Wortes war es, drei der wichtigsten Säulen ethischer Finanzen zu vereinen: Umwelt, Soziales und Unternehmensführung. Es liegt auf der Hand, dass Unternehmen, die Zeit und Energie in die Integration des ESG-Programms investieren, die größtmögliche Rendite für ihre Bemühungen erzielen sollten. Es scheint jedoch, dass nur wenige herausragende Unternehmen ESG-Variablen einsetzen, um eine höhere Rendite im Vergleich zu der Benchmark zu erzielen, an der sie ihre Leistung messen. Gleichzeitig achtet der Rest auf Nachhaltigkeitsprinzipien, zeigt aber ein wenig vollständiges Engagement für ESG-Praktiken. Die richtige ESG-

Strategie und die richtigen Faktoren sind unerlässlich und können sich positiv auf die langfristige Performance von Unternehmen auswirken. (U.N. Global Compact 2004)

Nachhaltigkeit ist ein Sammelbegriff, der sich auf die Versuche eines Unternehmens bezieht, seine Auswirkungen auf die Welt zu verringern. Auf der anderen Seite kann es für Unternehmen schwierig sein, eine so umfassende Idee zu begreifen. ESG hingegen ist viel spezifischer und datengetriebener. ESG analysiert, wie sich die Welt von außen auf ein Unternehmen auswirkt. Im Gegensatz dazu untersucht die Nachhaltigkeit, wie ein Unternehmen die Welt von innen heraus beeinflusst. Die ESG-Faktoren der Nachhaltigkeit erfordern einen pragmatischen, vernünftigen und realistischen Umgang mit den Dingen, der auf praktischen und nicht auf theoretischen Überlegungen basiert. Das Fehlen von Standards für die Bewertung der ESG-Leistung und die von den Unternehmen bereitgestellten Daten sind die größten Hindernisse für die ESG-Integration. Bedenken hinsichtlich unzureichender Leistung und Kosten waren weitere Hürden. Es musste sich mit der Inklusion, Gleichberechtigung und Vielfalt der Stakeholder in den Dienstleistungen befassen und durch Transformation und Motivation von Organisationen einen Unterschied beim internen Zusammenhalt machen. Es erfordert starke Prinzipien in der Nachhaltigkeit mit langfristigen Resilienzfähigkeiten wie Klimaresilienz, die potenziell gefährliche Klimaereignisse, -trends oder -störungen erwarten, sich darauf vorbereiten und darauf reagieren können.

Abbildung 6: ESG-Integrationstrichter

Der ideale ESG-Ansatz dafür ist die vollständige Integration von ESG-Überlegungen in die langfristige Resilienz des Unternehmensprozesses. ESG-Rahmenwerke sind so konzipiert, dass sie in die Strategie eines Unternehmens integriert werden können, um Unternehmenswert zu schaffen, indem die Unternehmensziele erweitert werden. Es umfasst die Identifizierung, Bewertung und das Management von nachhaltigkeitsbezogenen Risiken und Chancen für alle Stakeholder des Unternehmens, einschließlich, aber nicht beschränkt auf Kunden, Lieferanten, Mitarbeiter und die Umwelt. Die empirischen Daten belegen, dass die Einbeziehung von ESG-Prinzipien in den Unternehmensprozess das Risikomanagement und die langfristige Wertschöpfung verbessern kann. Es ist wichtig zu verstehen, wie ökologische, soziale und staatliche Aspekte in die Unternehmensstrategie und die vorrangigen Ziele integriert werden können. Sie muss mit einer langfristigen, spezifischen, praktischen und realistischen Perspektive gut ausgedrückt werden.

Was ist los?

- Jedes Unternehmen ist eine eigenständige juristische Person, die auf Corporate Governance basiert.

- Das interne System von Richtlinien, Kontrollen und Prozessen, das eine Organisation implementiert, um sich selbst zu regieren, kluge Entscheidungen zu treffen, Gesetze einzuhalten und die Bedürfnisse externer Stakeholder zu erfüllen, wird als Corporate-Governance-Kriterien bezeichnet.

- Das ESG-Angebot steht in Verbindung mit der Wertschöpfung durch nachhaltiges Produktwachstum, Kostensenkung, Einhaltung gesetzlicher Vorschriften, Produktivitätssteigerung und Optimierung der Investitionsrendite.

- Sich mit den wichtigsten ESG-Themen auszukennen und alle investierten Anlageklassen, Geschäftstätigkeiten und geografischen Gebiete abzudecken.

Was sind die Best Practices und Richtlinien?

- Umwelt-, Sozial- und Governance-Politik.
- Verantwortungsbewusste Anlagepolitik.
- Rahmen und Politik für das Risikomanagement.
- Internationale Handelspolitik.
- Rahmen und Politik für grüne Finanzierungen.
-

Was sind die Metriken, Ziele und Ziele?

- Compliance-Status.
- Risiko-Metriken.
- Kennzahlen für den internationalen Handel.
- Kennzahlen für grüne Finanzierungen.

Potenzieller Nutzen

- Eine starke ESG-Integration trägt dazu bei, die Präferenz der Verbraucher zu steigern.
- Die Implementierung von ESG kann dazu beitragen, wachsende Betriebskosten wie Rohstoffe und die tatsächlichen Kosten für Wasser, Energie oder CO2-Fußabdruck und Abfallmanagement zu bekämpfen.
- Ermöglichen Sie es Unternehmen, eine größere strategische Unabhängigkeit zu erlangen und gleichzeitig den regulatorischen Druck und die rechtlichen Eingriffe zu reduzieren.
- Es könnte Unternehmen dabei helfen, hervorragende Mitarbeiter zu gewinnen und zu halten, das Engagement zu erhöhen, indem es ein Gefühl der Sinnhaftigkeit vermittelt, und die Gesamtproduktivität zu steigern. Die Mitarbeiterzufriedenheit korreliert positiv mit dem Unternehmensgewinn.

- Kann die Anlagerenditen steigern, indem Barmittel in attraktivere und langfristigere Aussichten gelenkt werden.

REGEL SECHS: NACHHALTIGE WERTSCHÖPFUNGSKETTEN

Effizienz und Belastbarkeit in einer zunehmend vernetzten Welt

"Die Grenze zwischen Unordnung und Ordnung liegt in der Logistik." Sun Tzu.

In einer zunehmend komplizierten und vernetzten Welt stellt die Bedeutung des aktiven Managements von Risiken und Chancen im Zusammenhang mit aufkommenden ökologischen und sozialen Trends in Verbindung mit den steigenden Erwartungen der Stakeholder an eine bessere Rechenschaftspflicht und Unternehmensführung eine Reihe neuer Herausforderungen für Unternehmen mit weitreichenden Nachhaltigkeitsfolgen dar. Unternehmen treffen Entscheidungen und führen Operationen in einer vernetzten Welt durch, die nicht nur von Infrastrukturen, Technologien, Talenten, Unternehmenskultur, Fähigkeiten, Produkten und Dienstleistungen beeinflusst wird, sondern auch von den anderen vor- und nachgelagerten Lieferketten, mit denen sie interagieren. Es handelt sich um eine globale Wertschöpfungskette mit dem gesamten Spektrum an Aktivitäten, die Unternehmen und Mitarbeiter ausführen, um einen Produktlebenszyklus vom Design bis zur Endanwendung zu gestalten.

Die aufblühende digitale Revolution verändert die Art und Weise der Nachhaltigkeit in der Koordination und in den globalen Lieferketten. Unternehmen versprechen zunehmend, Produkte und Dienstleistungen von Organisationen zu beziehen, die sich für verantwortungsvolle Geschäftspraktiken und Umweltschutz einsetzen. CDP stellte jedoch 2021 fest, dass die Treibhausgasemissionen in der Lieferkette eines Unternehmens 11,4-mal höher sind als die betrieblichen Emissionen. Unternehmen können die Probleme nicht alleine lösen, da die globale Erwärmung und Umweltveränderungen das Potenzial haben, die menschliche und natürliche Umwelt dauerhaft zu schädigen und den Globus instabiler zu machen. (CDP 2022)

Gelegentlich verstoßen die Top-Tier-Lieferanten in Skandalen und diejenigen auf der zweiten und unteren Ebene der Lieferkette häufig gegen Nachhaltigkeitsregeln und setzen Unternehmen erheblichen finanziellen, sozialen und ökologischen Risiken aus. Das Unternehmen sollte konvergente Nachhaltigkeitsziele und die Ausrichtung von Strategien für alle Abteilungen festlegen, die mit Lieferanten der ersten und zweiten Ebene zusammenarbeiten.

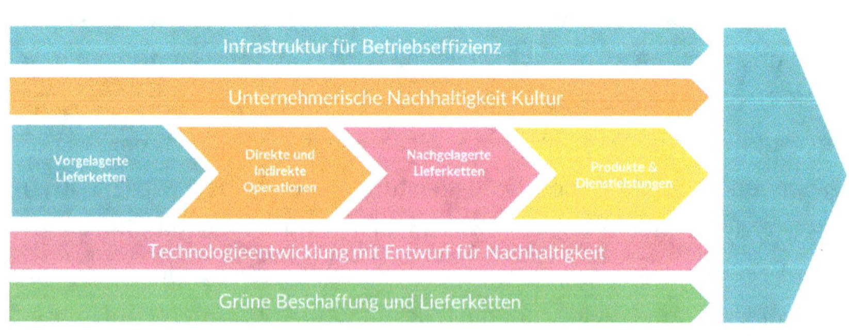

Abbildung 7: Nachhaltige Wertschöpfungsketten

Was ist los?

Unternehmen können nachhaltige Wertschöpfungsketten wie folgt in die strategische Planung einbeziehen:

- Integration von Wertschöpfungsketten unter Berücksichtigung der Nachhaltigkeit in allen Betrieben.
- Ermitteln Sie, wie sich die Geschäftstätigkeit, die Unternehmenskultur, die Technologie, die direkten und indirekten Prozesse, die vor- und nachgelagerten Lieferketten, Produkte und Dienstleistungen des Unternehmens auf sie auswirken.
- Wo immer sich die Vermeidung von Umweltverschmutzung auszahlt, sollten Sie ein Sanierungsprogramm einführen.
- Fokussieren Sie die Forschung auf die Entwicklung umweltfreundlicherer Prozesse und Produkte.
- Etablieren Sie öffentliche Richtlinien und Strategien, die der Bewältigung der wichtigsten Nachhaltigkeitsrisiken Priorität einräumen.

Was sind die Best Practices und Richtlinien?

- Standards für die Verantwortung der Lieferanten.
- Materialscreening bei der Kontrolle von Stoffen, die in der Produktpolitik verwendet werden.
- Lieferanten beziehen erneuerbare Energien.
- Richtlinie zur Beschaffung von Konfliktmineralien.
- Null-Deponie-Politik.
- Netto-Null-Wasserpolitik.
- Kein Einwegplastik in der Verpackungspolitik.

Was sind die Metriken, Ziele und Ziele?

- Einhaltung sozialer und ökologischer Vorschriften in den Lieferketten.
- Implementierung des Produktlebenszyklus.
- Die Verantwortung für die gesamte Wertschöpfungskette umfasst den Betrieb und die gesamte Produkt- und Servicelebensdauer.
- Ziel sind Netto-Null-Treibhausgasemissionen vor und nach der Wertschöpfungskette.
- Scope 2 indirekte CO_2-Emissionen aus der Erzeugung von zugekauftem Strom, Dampf, Wärme und Kälte, die vom berichtenden Unternehmen verbraucht werden.
- Scope 3 umfasst alle anderen indirekten CO2-Emissionen in der Wertschöpfungskette eines Unternehmens.
- Verpflichtung zum Verhaltenskodex der Responsible Business Alliance.

Potenzieller Nutzen

- Das grundlegende Ziel von Nachhaltigkeitsinitiativen in der Lieferkette besteht darin, die Auswirkungen des Unternehmensfußabdrucks zu reduzieren. Die Lieferkette spielt dabei eine wesentliche Rolle.
- Eine höhere Unternehmenseffizienz in den Lieferketten hat zu Einsparungen und niedrigeren Betriebskosten geführt.
- Wenn es um Lieferketten mit verbesserter Geschäftskontinuität der Versorgung geht, sind Nachhaltigkeit und Zuverlässigkeit untrennbar miteinander verbunden.
- Es hat sich gezeigt, dass die Zusammenarbeit erhebliche Vorteile für Nachhaltigkeitsunternehmen in der Lieferkette mit sich bringt, mit Möglichkeiten, Geschäftspartnerschaften zu erweitern.

- Die Verbesserung der Nachhaltigkeit der Lieferkette erfordert eine enge Zusammenarbeit und die Vermittlung der Vision und des Zwecks des Unternehmens. Folglich verstehen die Lieferanten die Visionen umfassend und verwandeln sich in geschätzte Partner, die deutlich besser in der Lage sind, Innovationen bei Produkten, Dienstleistungen und Prozessen zu fördern.

REGEL SIEBEN: GEHEN SIE VERANTWORTUNGSBEWUSST MIT DEM UM, WAS WIR BEKOMMEN

Kontrollierte Entscheidungen, Beherrschung und kontinuierliche Verbesserung

"Man kann sich der Verantwortung von morgen nicht entziehen, indem man sich ihr heute entzieht." Abraham Lincoln.

Unternehmen benötigen einen weitsichtigen, verantwortungsvollen Plan und innovative Lösungen, um die ökologischen Herausforderungen zu bewältigen. Die meisten konzentrieren sich auf die Einhaltung von Vorschriften, nicht auf einen Wettbewerbsvorteil. Die Kosten in diesen Bereichen sind oft enorm, da viele Compliance- und Sanierungsmaßnahmen keinen Shareholder Value generieren, sondern ihn schützen. Unternehmen, die in der Lage sind, Geld für die Umwelt auszugeben, werden sich jedoch in einem Szenario wiederfinden, in dem alle davon profitieren, indem sie die nicht geschäftsorientierten Anforderungen der Regierung und der Öffentlichkeit befolgen und gleichzeitig die Kostenstrukturen ihrer Konkurrenten übertreffen. Außerdem werden die Unternehmen gezwungen sein, innovative Technologien und Produktionsprozesse in Betracht zu ziehen, die die Kosten für die Einhaltung der Vorschriften aufgrund der erhöhten Kosten im Zusammenhang mit umweltschädlichen Aktivitäten senken könnten, die durch die Regulierung verursacht werden. Als die Halbleiterhersteller beispielsweise gezwungen waren, die ozonabbauenden FCKW nicht mehr als Lösungsmittel zu verwenden, entwickelten sie mehrere kostengünstigere Alternativen zu sauberen Computerchips.

Die zukünftigen Möglichkeiten müssen in jeder ernsthaften Diskussion darüber betont werden, wie die Kontrollentscheidungen, die Beherrschung und Verbesserung von Umweltfragen den Unternehmen einen Wettbewerbsvorteil verschaffen könnten. Unternehmen brauchen eine umfassende, zukunftsorientierte Strategie, die bestehende Hindernisse und Fehlanreize beseitigt, die richtigen Anreize bietet und eine für beide Seiten vorteilhafte Fiskal-, Wirtschafts-, Umwelt- und Industriepolitik integriert und gestaltet.

Viele Arten der Verschmutzung sind das Ergebnis einer ineffizienten oder unnötigen Ressourcennutzung. Die Unternehmen haben durch Forschung und Entwicklung ungenutzte Werte gezeigt, und neue Perspektiven auf die Umwelt können es ihnen ermöglichen, echte Vorteile zu erzielen. Die Vermeidung von Umweltverschmutzung ist jede Aktivität, die Verschmutzung minimiert, beseitigt oder verhindert, bevor sie auftritt. Unternehmen müssen verantwortungsvoll mit dem umgehen, was sie bekommen, und Umweltprobleme lösen, indem sie die Umweltverschmutzung an der Quelle reduzieren, bevor sie entsteht. Die Vermeidung von Umweltverschmutzung muss durch Kontrollentscheidungen, Beherrschung und kontinuierliche Verbesserung erfolgen.

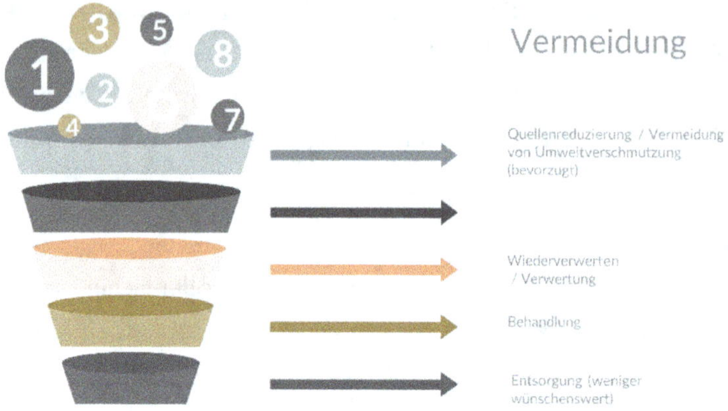

Abbildung 8: Hierarchie der Vermeidung von Umweltverschmutzung

Die Vermeidung von Umweltverschmutzung zahlt sich in vielen Fällen sofort aus und senkt die finanziellen Ausgaben für Abfallwirtschaft und Reinigung sowie die Umweltkosten von Gesundheitsproblemen und Umweltschäden. Die Vermeidung von Umweltverschmutzung hilft der Umwelt, indem sie die natürlichen Ressourcen erhält und schützt und gleichzeitig das Wirtschaftswachstum durch eine effizientere Industrieproduktion ankurbelt. Die Hierarchie der Vermeidung von Umweltverschmutzung erfordert die Berücksichtigung der bevorzugten Quellenreduzierung, Wiederverwendung, Wiederverwendung, Recycling, Verwertung, Behandlung und der geringeren Präferenz für die endgültige Entsorgung. (Freeman 1992)

Methoden zur Vermeidung von Umweltverschmutzung können für alle künftigen und gegenwärtigen umweltschädlichen Tätigkeiten eingesetzt werden. Es ist häufig kostengünstiger, die Verschmutzung an der Quelle zu verhindern, als für die Kontrolle, Behandlung und Entsorgung von Abfällen zu bezahlen. Wenn es weniger Umweltverschmutzung gibt, gibt es weniger negative Auswirkungen auf die menschliche Gesundheit und die Umwelt.

Was ist los?

- Aktive Arbeit an der Verringerung der Umweltauswirkungen bei gleichzeitiger Verbesserung der gemeinsam genutzten Ressourcen unter Berücksichtigung der Stakeholder.
- Die Vermeidung von Umweltverschmutzung kommt der Umwelt zugute, indem sie die natürlichen Ressourcen schont und erhält und gleichzeitig das Wirtschaftswachstum durch eine effizientere Produktion in der Industrie und eine geringere Abfallbehandlung ankurbelt.

Was sind die Best Practices und Richtlinien?

- Umwelt-, Gesundheits- und Sicherheitspolitik.
- Richtlinie zur Beschränkung der Verwendung gefährlicher Stoffe (RoHS)
- Richtlinie zu Konfliktmineralien.

Was sind die Metriken, Ziele und Ziele?

- Kein Einwegplastik in der Verpackung.
- Verantwortungsvolle Quelle für Mineralien.
- Das geregelte Stoffmanagement in Prozessen und Produkten.

Potenzieller Nutzen

- Es verbessert die Umweltleistung und erhöht die Compliance.
- Ressourcenschonung, Effizienzsteigerung und Kostensenkung.
- Schützen Sie die menschliche Gesundheit und vermeiden Sie die Kosten im Zusammenhang mit medizinischer Versorgung, Produktivitätsverlusten und sogar dem Verlust von Menschenleben.

- Es verbessert den Ruf bei der Öffentlichkeit, Regulierungsbehörden, Kreditgebern und Investoren.
- Es schärft das Bewusstsein der Interessengruppen für Umweltfragen und -verantwortung.

REGEL ACHT: STREBEN SIE NACH EINER ZIRKULÄREN UND NETTO-NULL-REVOLUTION

Umwandlung des Take-Make-Waste-Lebenszyklus in zirkuläre Ressourcen

"Bis 2030 könnten kohlenstofffreie Lösungen in Sektoren, die über 70 % der weltweiten Emissionen ausmachen, wettbewerbsfähig sein." Übereinkommen von Paris.

Unternehmen sind heutzutage mit einer Vielzahl von herausfordernden Trends und wirtschaftlichen Kräften konfrontiert, darunter die Auswirkungen des Klimawandels, Industrie 4.0 sowie die Kreislaufwirtschaft und die Netto-Null-Wirtschaft. Die Unternehmen müssen angesichts der Skepsis gegenüber nachhaltiger Entwicklung neue Strategien, Fähigkeiten und Führungsverpflichtungen vorantreiben. Wirtschaftliche Wachstumschancen erforderten die Transformation zu einem zukunftsfähigen Konzern. Um Null zu erreichen, muss der Konzern bisher radikal umdenken. (Bonsu 2020)

Industrie 4.0 ist eng mit einer industriellen Revolution und Kreislaufwirtschaft verbunden. Die Kreislaufwirtschaft ist ein Rahmen für systemische Lösungen für globale Probleme wie Klimawandel, Verlust der biologischen Vielfalt, Abfall und Umweltverschmutzung.

Jeder Aspekt unseres Take-Make-Waste-Systems muss verändert werden, einschließlich der Art und Weise, wie wir mit Ressourcen umgehen, Dinge produzieren und nutzen und was wir danach mit den Materialien machen. Das Ziel der Kreislaufwirtschaft ist es, die Nutzung materieller Ressourcen zu maximieren, indem drei Grundprinzipien befolgt werden: Reduzieren, Wiederverwenden und Recyceln. Die industrielle Netto-Null-Revolution des unternehmerischen Engagements für wissenschaftsbasierte Ziele ist ein praktischer Ansatz für den Fortschritt in der Zukunft von Lieferkettenmaßnahmen, die für die Ermöglichung des Netto-Null-Weges erforderlich sind.

Im Jahr 2015 haben das Carbon Disclosure Project, der Global Compact der Vereinten Nationen, das World Resources Institute und der Worldwide Fund for Nature die Science Based Targets Initiative ins Leben gerufen. Seitdem haben sich über 1.000 Unternehmen dem Projekt angeschlossen, um ein wissenschaftlich fundiertes Klimaziel zu erstellen, das Unternehmen bei der Festlegung von Emissionsreduktionszielen unterstützt, die mit der Klimawissenschaft und den Zielen des Pariser Abkommens vereinbar sind. Um bis 2050 Netto-Null zu erreichen, müssen Unternehmen die Dekarbonisierung Jahr für Jahr anstreben, um die weltweiten Gesamtemissionen jedes Jahr um fast 10 % zu senken. Diese Reduzierung ist notwendig, um die globale Erwärmung auf deutlich unter 2 % zu begrenzen (Zomer 2022)[0C.]

Abbildung 9: Nachhaltige Kreislaufwirtschaft

Der Klimawandel und der übermäßige Ressourcenverbrauch erfordern rasches Handeln. Bei den derzeitigen Verbrauchsraten verbraucht die Menschheit das 1,75-fache der natürlichen Ressourcen der Erde pro Jahr. Letztendlich muss Netto-Null ein wichtiger Bestandteil der Transformation des Unternehmens zur Industrie 4.0 werden. Ein Kreislaufwirtschaftsmodell kurbelt das Wachstum an, spart Kosten und erhöht die Widerstandsfähigkeit. Eine Kreislaufwirtschaft als Lösung würde die Industrie tiefgreifend verändern.

Was ist los?

- Verantwortungsvolle Abfallbewirtschaftung.
- Der Übergang zu einer stärker kreislauforientierten Wirtschaft könnte Vorteile mit sich bringen, wie z. B. die Verringerung der Umweltbelastung, die Verbesserung der Rohstoffversorgungssicherheit, die Steigerung der Wettbewerbsfähigkeit, die Förderung von Innovationen, die Ankurbelung der wirtschaftlichen Entwicklung und die Schaffung von Arbeitsplätzen.

Was sind die Best Practices und Richtlinien?

- Politik der Kreislaufwirtschaft.
- Verantwortungsvolle Chemikalien-Screening-Politik.
- Politik des Klimawandels.
- Wasserpolitik.
- Politik der erneuerbaren Energien.
- Netto-Null-Verpflichtungen.

Was sind die Metriken, Ziele und Ziele?

- Steigern Sie die Effizienz der Materialressourcennutzung.

- Erhöhung des Anteils der Wiederverwendung von Abfällen und der stofflichen Verwertung.
- Erhöhung der Abfallrecyclingrate.
- Erreichen Sie null Abfall auf der Mülldeponie.
- Steigern Sie die Effizienz der Wassernutzung.
- Netto-Null-CO2-Fußabdruck.

Potenzieller Nutzen

- Es handelt sich um eine Plattform, auf der sich im Laufe der Zeit die Expansion wichtiger Interessengruppen wie Verbraucher, Branchenvertreter, Finanziers und Investoren verschrieben hat.
- Netto-Null bietet eine Minderung des Klimarisikos für Aktionäre, ohne die kurzfristigen Renditen und Reputationsvorteile für Unternehmen, die Kunden oder umweltbewusste Unternehmen bedienen, zu beeinträchtigen.
- Regierungen und Unternehmen können das Momentum nutzen, um Netto-Null-Zusagen und Fortschritte in Richtung klima- und kreislaufwirtschaftlicher Nachhaltigkeit zu beschleunigen und zu verstärken.

REGEL NEUN: DEN IMPULS DER STAKEHOLDER STÄRKEN

Verantwortung bei der Förderung strategischer Verbesserungen

"Wenn die Leute dich mögen, werden sie dir zuhören, aber wenn sie dir vertrauen, werden sie mit dir Geschäfte machen."
Zig Ziglar.

Das Umwelt-, Sozial- und Governance-Programm (ESG) sollte Nachhaltigkeit nicht unabhängig behandeln. Stattdessen sollte Nachhaltigkeit als kritischer Bestandteil des Unternehmensführungsprozesses betrachtet werden. Das Organisationsmanagement umfasst eine breite Palette von Verfahren und Aktivitäten, die dazu beitragen, die von der Führung vorgegebenen beabsichtigten Ergebnisse unter Beteiligung der Stakeholder zu erreichen und die Stoßrichtung der Stakeholder zu stärken. Ein ESG-Programm sollte erklären, wie sich der Nachhaltigkeitsschub in die Unternehmensführung einfügt, unter Berücksichtigung der Art, des Umfangs, der Auswirkungen und der Risiken, die durch den Umfang des Nachhaltigkeitsschubs umrissen werden. (Pojasek 2012)

Rechenschaftspflicht in Bezug auf ESG bezieht sich darauf, dass eine Organisation die ESG-Verantwortung für die Entscheidungen, Ergebnisse und Richtlinien übernimmt, die sie trifft. Wenn ein Unternehmen ein nachhaltiges Geschäftsmodell verfolgt, überwacht es die sozialen und ökologischen Auswirkungen seiner Geschäftstätigkeit. Die ESG-Behauptungen von Unternehmen sollten zur Rechenschaft gezogen werden. Stakeholder verlassen sich darauf, dass Unternehmen die laufenden Umweltinitiativen und Reaktionen auf soziale und Governance-Themen teilen, aber für Stakeholder ist es schwierig, ESG-Botschaften unabhängig zu überprüfen. Wenn Stakeholder voreingenommene, aufgeblähte oder irreführende Informationen über ESG erhalten, werden sie wahrscheinlich das Vertrauen in die Zuverlässigkeit und Richtigkeit der signifikanten Fortschritte verlieren. Immer mehr Kunden ändern ihre Kaufpräferenzen auf der Grundlage von sozialer Verantwortung, Inklusion oder Umweltauswirkungen. Skepsis kann aus der Unsicherheit über den Wahrheitsgehalt dieser Nachhaltigkeitsbehauptungen resultieren.

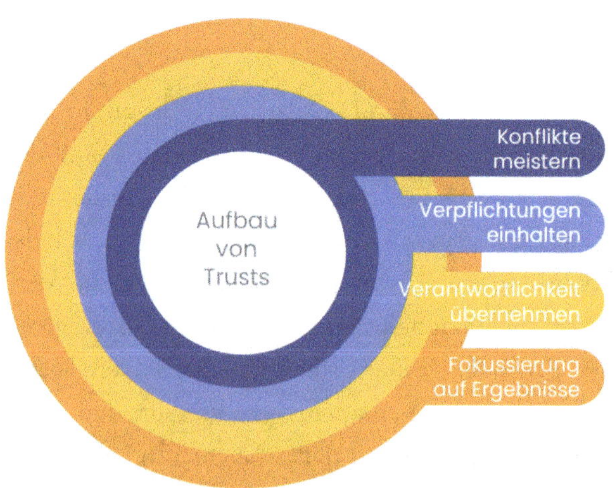

Abbildung 10: Kreis der Stöße

Damit Unternehmen für ESG-Bemühungen und Rechenschaftsmechanismen zur Rechenschaft gezogen werden können, sollte ein Kreis von Stoßrichtungen darin bestehen, sich öffentlich auf die Ergebnisse der sozialen und ökologischen Auswirkungen mit klaren, standardisierten und leicht verständlichen Kennzahlen zu konzentrieren.

Unternehmen müssen es auch ernst meinen, nachhaltiger, inklusiver und sozial verantwortlicher zu werden, und sollten Rechenschaftspflicht übernehmen und die Verpflichtungen im Rahmen von ESG stärken und erfüllen. Alle Stakeholder spielen eine Rolle, wenn es darum geht, Konflikte zu meistern und Unternehmen zur Rechenschaft zu ziehen. Unternehmen sollten einen vertrauenswürdigen Marktplatz für Produkte und Dienstleistungen aufbauen.

Was ist los?

- Nachhaltigkeit fördert einen verantwortungsvolleren, vertrauenswürdigeren Markt.
- Ausrichtung auf die Förderung des Vertrauens von Technologie und Unternehmen, indem Behörden, Organisationen und Menschen besser in die Lage versetzt werden, ihre Daten, Netzwerke und Infrastruktur zu schützen.
- Standardisierte Methoden zum Schutz personenbezogener Daten und zur Förderung des Vertrauens von Unternehmen durch rechtmäßigen Zugang zu und Nutzung von Daten, die der Gesellschaft und dem Leben der Stakeholder zugute kommen, zu fördern.

Was sind die Best Practices und Richtlinien?

- Cybersicherheit und Vertrauenspolitik.
- Richtlinie zum Schutz personenbezogener Daten und zum Schutz der Privatsphäre.
- Politik des geistigen Eigentums.
- Kommunikationspolitik.
- Null-Toleranz-Politik.
- Richtlinien für den Kundenservice.

Was sind die Metriken, Ziele und Ziele?

- Einhaltung.
- Bewertung der Kundenzufriedenheit (CSAT)
- Net Promoter Score (NPS)

Potenzieller Nutzen

- Dieser kollaborative Ansatz zur Einbindung von Stakeholdern schafft Vertrauen und Wohlwollen gegenüber dem Unternehmen.
- Es verbessert die Verantwortlichkeit, Transparenz und den Ruf innerhalb des Unternehmens bei den wichtigsten Stakeholdern.
- Es erhöht das Engagement, die Klarheit und die Leistung und reduziert die Projektrisiken insgesamt.

REGEL ZEHN: HANDELN SIE FÜR DIE ZUKUNFT

Seien Sie konsequent bei Klimaschutzmaßnahmen

Ein afrikanisches Sprichwort: "Die beste Zeit, um einen Baum zu pflanzen, ist vor 20 Jahren. Der zweitbeste Zeitpunkt ist jetzt." Dambisa Moyo.

Nach Angaben des Weltklimarats ist die Lufttemperatur in den letzten 100 Jahren aufgrund der Verbrennung fossiler Brennstoffe, die Kohlendioxid und andere Treibhausgase in die Atmosphäre freisetzt, um durchschnittlich 0,6 °C (1,1 °F) gestiegen. Wissenschaftler prognostizierten, dass Meereisverlust, schmelzende Gletscher und Eisschilde, steigender Meeresspiegel und extremere Hitzewellen auftreten würden. Die durch menschengemachte Treibhausgase verursachte globale Erwärmung wird sich fortsetzen. Auch die Unwetterschäden werden zunehmen und sich verschärfen. (IPCC 2022)

Trotz mancher Mainstream-Skepsis glauben Sie immer noch, dass der Klimawandel eine zukünftige Krise ist. Wie wird die ferne Zukunft aussehen? Können wir das mit Sicherheit sagen? Wir wissen nicht einmal, wann es nächsten Monat regnen wird, und es scheint eine Fantasie zu sein, vorherzusagen, was in den nächsten Jahrzehnten passieren wird. Ein Großteil davon resultierte aus konzertierten

Marketingkampagnen einiger Gruppen gegen nicht nachhaltige Geschäftsinteressen und Politiker, die sich gegen Klimaschutzmaßnahmen aussprechen. Viele Menschen verbreiteten die falsche Vorstellung, dass sich die Wissenschaftler noch keine Meinung über den Klimawandel gebildet hätten. Viele waren der Meinung, dass es nie einfach gewesen sei, nachhaltig zu sein. Dennoch gibt es viele Debatten über die wirtschaftlichen Kosten des Klimawandels. Dennoch waren viele Unternehmen in der Lage, einfache, aber oft unglaublich wichtige Verbesserungen vorzunehmen und Nachhaltigkeitsinitiativen in Geschäftsmöglichkeiten umzuwandeln.

Nachhaltigkeit wird häufig in drei Säulen unterteilt: Wirtschaft, Umwelt und Soziales, umgangssprachlich als Gewinne, Planet und Menschen bezeichnet. Die Agenda 2030 der Vereinten Nationen für nachhaltige Entwicklung basiert auf fünf wesentlichen Elementen, die als 5Ps bekannt sind: Menschen, Wohlstand, Planet, Partnerschaft und Frieden. Traditionell aus der Perspektive von drei Schlüsselelementen betrachtet: soziale Inklusion, wirtschaftlicher Fortschritt und Umweltschutz, hat der Begriff der nachhaltigen Entwicklung mit der Verabschiedung der Agenda 2030 eine umfassendere Bedeutung erhalten, die zwei wesentliche Komponenten hinzufügt: Partnerschaft und Frieden. Echte Nachhaltigkeit ist der Schlüssel zu diesen fünf Kriterien.

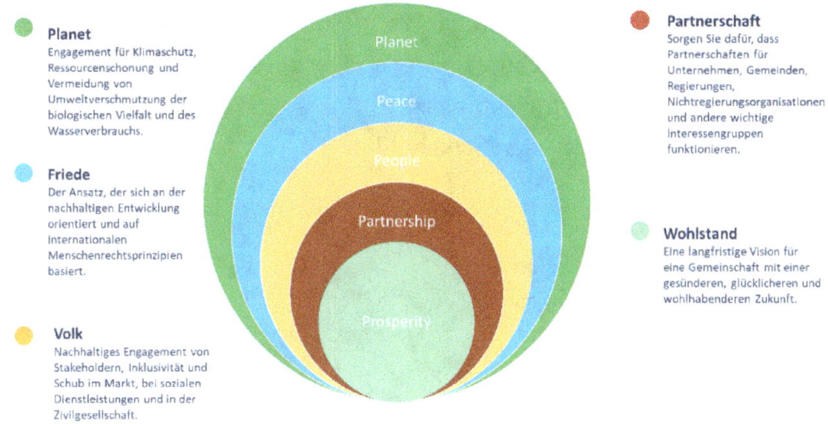

Abbildung 11: Nachhaltigkeit 5Ps

Auf der Ebene der Nachhaltigkeit von Unternehmen besteht die Notwendigkeit, jetzt für die Zukunft zu handeln und die Klimaschutzmaßnahmen konsequent umzusetzen. Der Klimawandel wird sich nachteilig auf alle Formen menschlicher Bedürfnisse auswirken. Was bedeutet dies für die Fähigkeit eines Unternehmens, seine ESG-Story zu definieren und zu nutzen? Wenn wir uns um die Befriedigung unserer wirtschaftlichen Grundbedürfnisse sorgen, können wir nicht die Klimaschutzmaßnahmen ergreifen, die wir uns wünschen. Unternehmen müssen Menschen, Mitarbeiter und Gemeinschaften im Auge behalten, um die Sicherheit aller heute und in Zukunft durch konsequente Klimaschutzmaßnahmen, Ressourcenschonung und Vermeidung von Umweltverschmutzung sowie den Erhalt der biologischen Vielfalt und des Wasserverbrauchs zu gewährleisten.

Ein Masterplan ist eine dynamische, langfristige Planung, die als konzeptioneller Leitfaden für zukünftiges Wachstum und Entwicklung dient. Der Masterplan für Unternehmensnachhaltigkeit schafft eine Entscheidungshilfe für das Unternehmen, um die Stakeholder dabei zu unterstützen, Projekte nachhaltiger zu gestalten. Während der Plan Aktivitäten für das Unternehmen priorisiert, erfordert das Erreichen der Wachstums- und Entwicklungsziele des Unternehmens die Unterstützung der wichtigsten Stakeholder.

Was ist los?

- Unternehmen übernehmen die Führung sowohl bei der Minimierung ihrer Umweltauswirkungen als auch bei der Zusammenarbeit mit anderen, um die Schaffung einer vernünftigen öffentlichen Politik mitzugestalten.

- Unternehmen investieren proaktiv in Energieeffizienz und erneuerbare Energien und ergreifen gleichzeitig Maßnahmen, um den direkten und indirekten CO2-Fußabdruck, die Emissionen, die durch ihre Aktivitäten, die Lieferkette und die Verwendung von Produkten verursacht werden, zu messen, zu verringern und darüber zu berichten.

- Die langfristige Nachhaltigkeitsperspektive von Unternehmen gleicht ökologische, soziale und wirtschaftliche Belange aus und konzentriert sich auf einen Plan, um das Wohlergehen künftiger Generationen zu gewährleisten und die Zukunft der Menschheit zu verbessern.

Was sind die Best Practices und Richtlinien?

- Erklärung zur Klimapolitik.
- Mission zur Emissionsreduzierung.
- Energiepolitik.
- Bekenntnis zum Pariser Klimaschutzabkommen.

Was sind die Metriken, Ziele und Ziele?

- Steigerung der Energieeffizienz.
- Steigerung des Verbrauchs erneuerbarer Energien.
- 100% erneuerbarer Energieverbrauch.
- Lieferanten beziehen erneuerbare Energien.
- Reduzierung der absoluten Treibhausgasemissionen.

- Netto-Null-Kohlenstoffziele.
- Hand in Hand mit den Verpflichtungen des Übereinkommens von Paris.

Potenzieller Nutzen

- Moralische Verpflichtungen gegenüber künftigen Generationen.
- Gutes tun ist gut fürs Geschäft.
- Es macht die Welt zu einem besseren Ort für die Gegenwart und die Zukunft.
- Da wir gezwungen sind, uns an Themen wie die Klimakatastrophe anzupassen und innovativ zu sein, wird dies in den kommenden Jahrzehnten immer wichtiger.

Meilenstein der Nachhaltigkeit

Viele Meilensteine der Nachhaltigkeit haben die Welt verändert, vor allem durch die wirtschaftliche Entwicklung und die Aktivitäten der industriellen Revolution. Die industrielle Revolution wurde jedoch dafür kritisiert, dass sie zu sozialer Ungerechtigkeit, Sicherheits- und Gesundheitsbedenken am Arbeitsplatz und ökologischen Katastrophen beiträgt. Darüber hinaus wurde das Unternehmen dafür kritisiert, dass es der Geschäftsexpansion und den Gewinnen Vorrang vor den Arbeitnehmern und dem Wohlergehen einräumt. Trotz vereinbarter Ziele für nachhaltige Entwicklung befindet sich die Welt immer noch auf einem nicht nachhaltigen Weg. Um dieses nicht nachhaltige Muster zu ändern, sind bedeutende Schritte und Initiativen in großem Maßstab erforderlich – es muss mehr getan werden, um die soziale Gerechtigkeit zu fördern und den Umweltschutz zu gewährleisten. Obwohl wir noch einen langen Weg vor uns haben, bevor wir die aktuellen Bedürfnisse befriedigen können, ohne zukünftige Entwicklungen zu gefährden, kann uns der Blick zurück an unsere Fortschritte erinnern und es uns ermöglichen, den menschlichen Fortschritt zu hinterfragen.

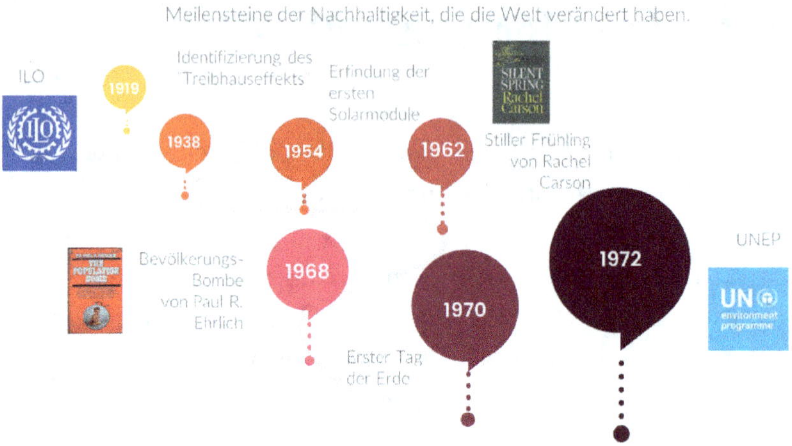

Abbildung 12:Meilenstein der Nachhaltigkeit 1919 - 1972

Internationale Arbeitsorganisation (ILO)

Die Internationale Arbeitsorganisation ist ein Gremium der Vereinten Nationen, dessen Aufgabe es ist, soziale und wirtschaftliche Gerechtigkeit durch die Schaffung globaler Arbeitsnormen zu fördern. Sie ist die früheste und älteste Sonderorganisation der Vereinten Nationen, die im Oktober 1919 im Rahmen des Völkerbundes gegründet wurde. (ILO 2010)

Identifizierung des "Treibhauseffekts".

Im Jahr 1938 nutzte der britische Ingenieur Guy Callendar Daten von 147 Wetterstationen weltweit, um zu beweisen, dass die Temperaturen im vorangegangenen Jahrhundert gestiegen waren. Er zeigt auch, dass die CO2-Konzentration im gleichen Zeitraum angestiegen ist, was seiner Meinung nach die Erwärmung verursacht hat.

Die Erfindung der ersten modernen Solarmodule

1954 stellten die Bell Laboratories die erste effiziente Silizium-Solarzelle her. Obwohl sie im Vergleich zu aktuellen Zellen schwach sind, sind diese Zellen die ersten, die signifikante Mengen an Strom mit einem Wirkungsgrad von etwa 4 % erzeugen.

Silent Spring von Rachel Carson

Silent Spring ist ein umweltwissenschaftliches Buch von Rachel Carson, das am 27. September 1962 veröffentlicht wurde. Das Buch zeigte die Umweltzerstörung auf, die durch den wahllosen Einsatz von Pestiziden verursacht wird.

Bevölkerungsbombe von Paul R. Ehrlich

Paul R. Ehrlich, Professor an der Stanford University, und seine Frau Anne Ehrlich schrieben 1968 The Population Bomb. Er prognostizierte eine weltweite Hungersnot aufgrund von Überbevölkerung und anderen schweren gesellschaftlichen Umwälzungen und empfahl rasche Maßnahmen zur Begrenzung des Bevölkerungswachstums.

Erster Tag der Erde

Am 22. April 1970 wurde in den Vereinigten Staaten zum ersten Mal der Earth Day begangen, ein Ereignis, um das öffentliche Bewusstsein für die weltweiten Umweltprobleme zu schärfen. Millionen von Amerikanern nahmen an Demonstrationen, Märschen und Bildungsveranstaltungen im ganzen Land teil, darunter Studenten von Tausenden von Colleges und Institutionen.

Das Umweltprogramm der Vereinten Nationen (UNEP)

Das Umweltprogramm der Vereinten Nationen (UNEP) wurde im Anschluss an die Konferenz der Vereinten Nationen über die Umwelt des Menschen im Juni 1972 in Stockholm gegründet, um Lösungen für Umweltprobleme innerhalb des Systems der Vereinten Nationen zu koordinieren. Ihre Aufgabe ist es, eine Führungsrolle zu übernehmen, Wissen zu produzieren und Lösungen zu verschiedenen Themen zu schaffen, darunter Klimawandel, Management mariner und terrestrischer Ökosysteme sowie grünes Wirtschaftswachstum. Die Organisation erstellt auch weltweite Umweltverträge, veröffentlicht und fördert Umweltwissenschaften und unterstützt nationale Regierungen bei der Erreichung von Umweltzielen.

Erste Energiesparlampe

Edward E. Hammer führte 1976 Kompaktleuchtstofflampen (CFLs) ein. Dies waren die ersten Energiesparlampen, die 70-80% weniger Strom verbrauchten als vergleichbare herkömmliche Glühbirnen.

Das Ozonloch in der Antarktis wird entdeckt

Am 16. Mai 1985 berichteten drei Wissenschaftler des British Antarctic Survey in der Fachzeitschrift Nature, dass sie außergewöhnlich geringe Mengen an Ozon über dem Südpol gefunden hätten. (Farman 1985)

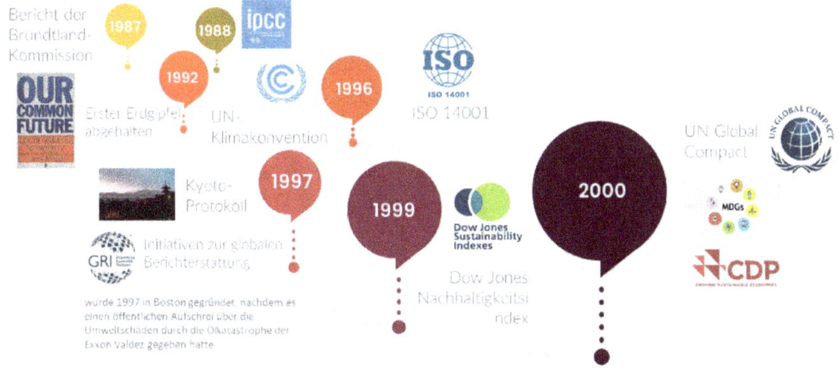

Abbildung 13: Meilenstein Nachhaltigkeit 1987 – 2000

Bericht der Brundtland-Kommission

Our Common Future, auch bekannt als Brundtland-Bericht, wurde 1987 von den Vereinten Nationen veröffentlicht. Der Bericht definiert nachhaltige Entwicklung als "Entwicklung, die die Bedürfnisse der Gegenwart befriedigt, ohne die Fähigkeit künftiger Generationen zu gefährden, ihre eigenen Bedürfnisse zu befriedigen".

Der Weltklimarat (IPCC)

Der Internationale Ausschuss für Klimaänderungen (IPCC) ist eine zwischenstaatliche Gruppe der Vereinten Nationen, deren Aufgabe es ist, das Wissen über den vom Menschen verursachten Klimawandel zu erweitern. Die Weltorganisation für Meteorologie und das Umweltprogramm der Vereinten Nationen haben sie 1988 gegründet.

Erster Erdgipfel abgehalten

Der erste Erdgipfel war ein Treffen von Staats- und Regierungschefs aus aller Welt, das 1992 mit Unterstützung der Vereinten Nationen durchgeführt wurde, um Maßnahmen zur Förderung der globalen nachhaltigen Entwicklung zu definieren.

Rahmenübereinkommen der Vereinten Nationen über Klimaänderungen (UNFCCC)

Die UN-Klimarahmenkonvention (UNFCCC) begründete einen internationalen Umweltvertrag zur Bekämpfung gefährlicher menschlicher Eingriffe in das Klimasystem, unter anderem durch die Stabilisierung der Treibhausgaskonzentrationen in der Atmosphäre, und wurde 1992 auf dem Erdgipfel von Rio von 154 Staaten unterzeichnet.

ISO 14001 Umweltmanagementsystem

Die ISO 14000-Reihe wurde 1996 mit Vertretern von Ausschüssen auf der ganzen Welt geschaffen, um Organisationen dabei zu helfen, die negativen Auswirkungen ihrer Geschäftstätigkeit auf die Umwelt zu reduzieren, geltende Gesetze, Vorschriften und andere umweltorientierte Anforderungen einzuhalten und sich kontinuierlich zu verbessern.

Kyoto-Protokoll

Das Kyoto-Protokoll war ein internationaler Vertrag, der die UNFCCC von 1992 erweiterte, indem er die Vertragsstaaten verpflichtete, die Treibhausgasemissionen zu reduzieren, basierend auf dem wissenschaftlichen Konsens, dass die globale Erwärmung stattfindet und dass die vom Menschen verursachten CO_2-Emissionen dafür verantwortlich sind. Sie wurde 1997 verabschiedet und trat 2005 in Kraft.

Initiativen zur globalen Berichterstattung

Die GRI wurde 1997 von den in den Vereinigten Staaten ansässigen gemeinnützigen Organisationen Ceres (ehemals Coalition for Environmentally Responsible Economies) und dem Tellus Institute mit Unterstützung des Umweltprogramms der Vereinten Nationen (UNEP) gegründet, nachdem es einen öffentlichen Aufschrei über die Umweltschäden durch die Ölkatastrophe der Exxon Valdez gegeben hatte.

Dow Jones Nachhaltigkeitsindex

Die 1999 eingeführten Dow Jones Sustainability Indizes bewerten die Nachhaltigkeitsleistung börsennotierter Unternehmen. Sie basieren auf einer Analyse der wirtschaftlichen, ökologischen und sozialen Leistung von Unternehmen und bewerten Themen wie Corporate Governance, Risikomanagement, Branding, Klimaschutz, Lieferkettenstandards und Arbeitspraktiken.

UN Global Compact

Der UN Global Compact wurde 2004 nach der Ankündigung von Kofi Annan gegründet, sich zu Menschenrechten, Arbeits-, Umwelt- und Antikorruptionsprinzipien zu verpflichten.

Die Millenniums-Entwicklungsziele (MDGs)

Die Millenniums-Entwicklungsziele (MDGs) waren acht internationale Entwicklungsziele für 2015, die vom Millenniums-Millenniumsgipfel der Vereinten Nationen im Jahr 2000 festgelegt wurden.

Abbildung 14: Meilenstein Nachhaltigkeit 2002 - 2011

Carbon Disclosure Project CDP

CDP wurde im Jahr 2000 gegründet und ist eine gemeinnützige Organisation, die das weltweite Offenlegungssystem verwaltet, das es Investoren, Unternehmen, Städten, Regierungen und Regionen ermöglicht, ihre Umweltauswirkungen zu steuern. CDP, das 2002 auf der GRI-Idee aufbaut, strebt danach, Umweltberichterstattung und Risikomanagement zu einer Geschäftsnorm zu machen und die Offenlegung, das Verständnis und das Handeln für eine nachhaltige Wirtschaft zu fördern.

Electronic Industry Citizenship Coalition (EICC) (Electronic Industry Citizenship Coalition, EICC) (Bürgerschaft der Elektronikindustrie)

Die Electronic Industry Citizenship Coalition (EICC) ist eine gemeinnützige Organisation prominenter Unternehmen, die sich für die

Verbesserung sozialer, ökologischer und ethischer Bedingungen in ihren weltweiten Lieferketten einsetzen. Der Electronics Industry Code of Conduct (EICC) wurde 2004 von einer Gruppe zukunftsorientierter Elektronikunternehmen gegründet.

Umwelt, Soziales und Unternehmensführung (ESG)

Der Begriff ESG wurde erstmals im Jahr 2004 verwendet, als der damalige UN-Sekretär Kofi Annan versuchte, Wege zu finden, um Umwelt-, Sozial- und Governance-Belange in eine Kapitalmarktstudie mit dem Titel "Who Cares Wins" zu integrieren: Die Finanzmärkte mit einer sich verändernden Welt verbinden. (U.N. Global Compact 2004).

Grundsatz für verantwortungsbewusstes Investieren

Die Prinzipien für verantwortungsbewusstes Investieren der Vereinten Nationen (UNPRI) sind ein globales Netzwerk von Investoren, die zusammenarbeiten, um sechs ehrgeizige Prinzipien zu erreichen. Ziel ist es, Anlegern zu helfen, die Folgen der Nachhaltigkeit zu verstehen. Die New Yorker Börse führte die Prinzipien im Jahr 2006 ein.

Climate Disclosure Standards Board (CDSB) (CD

Das Climate Disclosure Standards Board (CDSB) ist eine gemeinnützige Organisation, die Anlegern und Finanzmärkten relevante Informationen zur Verfügung stellt, indem sie klimawandelbezogene Daten in die gängige Finanzberichterstattung einbezieht. Das CDSB wurde während des Weltwirtschaftsforums 2007 in Davos gegründet, um die Lücke zwischen den unkoordinierten Berichtssystemen zu schließen, indem es das Rahmenwerk für die Berichterstattung über Umweltinformationen, Naturkapital und die damit verbundenen Geschäftsfolgen entwickelt und fördert.

Initiative für nachhaltige Börsen (SSE)

Sustainable Stock Exchanges (SSE) ist eine Unternehmensinvestition in nachhaltige Entwicklungskonzepte. Im Jahr 2009 eröffnete UN-Generalsekretär Ban Ki-Moon die Gründungssitzung der SSE in New York City.

ISO26000 Leitlinien zur sozialen Verantwortung

ISO26000 ist ein internationaler Standard, der 2010 veröffentlicht wurde und Richtlinien für soziale Verantwortung enthält. Ihr Ziel ist es, einen Beitrag zur globalen nachhaltigen Entwicklung zu leisten, indem sie Unternehmen und andere Organisationen dazu ermutigt, soziale Verantwortung zu übernehmen, um ihre Auswirkungen auf ihre Mitarbeiter, die natürliche Umwelt und die Gemeinschaften zu verbessern.

Internationaler Rat für integrierte Berichterstattung (IIRC)

Im Jahr 2011 fand die erste Konferenz des Pilotprogramms "Integrierte Berichterstattung" statt. Das International Integrated Reporting Framework beschleunigt die weltweite Einführung der integrierten Berichterstattung, um die Qualität zu verbessern und einen kohärenteren und effizienteren Ansatz für die Unternehmensberichterstattung zu fördern. Beides hat einen wesentlichen Einfluss auf die Fähigkeit eines Unternehmens, im Laufe der Zeit Werte zu schaffen. Es erhöht die Verantwortlichkeit und Verantwortung für verschiedene Hauptstädte, entwickelt ein Verständnis für ihre Verbindung und fördert integriertes Denken, Entscheidungsfindung und wertschöpfendes Verhalten.

Gremium für nachhaltige Rechnungslegungsstandards (Sustainable Accounting Standards Board, SASB)

Das Sustainable Accounting Standards Board (SASB) ist eine gemeinnützige Organisation, die 2011 gegründet wurde, um Rechnungslegungsstandards für Nachhaltigkeit bereitzustellen. Erklärtes Ziel des SASB ist es, branchenspezifische Offenlegungsrichtlinien für alle ESG-Bereiche festzulegen, um die Kommunikation zwischen Unternehmen und Investoren in Bezug auf finanziell wichtige, entscheidungsrelevante Informationen, vertrauenswürdige und vergleichbare Informationen zwischen Unternehmen weltweit zu fördern.

ISO 50001 Energiemanagementsystem

Das 2011 erstmals angekündigte Energiemanagementsystem ISO 50001 soll Unternehmen dabei unterstützen, ihren Energieverbrauch, ihre Energiekosten und ihre Treibhausgasemissionen kontinuierlich zu senken. Spezifiziert die Anforderungen für die Einrichtung, Implementierung, Aufrechterhaltung und Verbesserung eines Energiemanagementsystems, dessen Ziel es ist, eine Organisation in die Lage zu versetzen, einen systematischen Ansatz zur kontinuierlichen Verbesserung der Energieeffizienz zu verfolgen, einschließlich Energieeffizienz, Energiesicherheit, Energieverbrauch und Verbrauch.

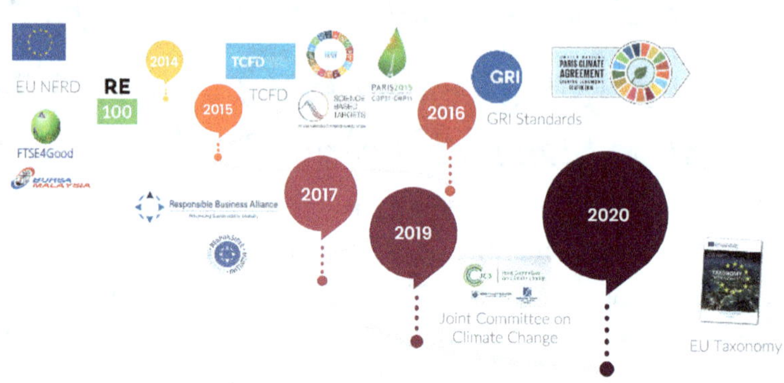

Abbildung 15: Meilenstein Nachhaltigkeit 2014 - 2020

EU-Richtlinie über die nichtfinanzielle Berichterstattung (NFRD)

Die EU-Richtlinie des Europäischen Parlaments für Unternehmen von öffentlichem Interesse bestimmter großer Unternehmen und Konzerne aus dem Jahr 2014 über die Offenlegung nichtfinanzieller Erklärungen und der Diversität im Lagebericht eine nichtfinanzielle Erklärung, die Informationen enthält, die für das Verständnis der Entwicklung, des Ergebnisses, der Lage und der Auswirkungen der Tätigkeit des Unternehmens erforderlich sind, und die sich mindestens auf Folgendes beziehen: Umwelt-, Sozial- und Arbeitnehmerbelange, Achtung der Menschenrechte, Bekämpfung von Korruption und Bestechung sowie Bekämpfung von Korruption und Bestechung.

RE100 Initiative für erneuerbare Energien

RE100 ist die globale Initiative für erneuerbare Energien, die Hunderte von großen und ehrgeizigen Unternehmen zusammenbringt, die sich für 100 % erneuerbaren Strom einsetzen und auf der Klimawoche 2014 ins Leben gerufen wurde.

FTSE4GOOD Bursa, Malaysia

Der 2014 eingeführte FTSE4Good Bursa Malaysia Index soll Unternehmen vorstellen, die einen Führungsansatz bei der Bewältigung von Umwelt-, Sozial- und Governance-Themen (ESG) verfolgen.

Task Force on Climate-Related Financial Disclosures (TCFD) (Taskforce on Climate-Related Financial Disclosures, TCFD)

Die Task Force on Climate-Related Financial Disclosures (TCFD) wurde 2015 vom G20 Financial Stability Board gegründet, um Investoren darüber zu informieren, was Unternehmen tun, um den Risiken des Klimawandels zu begegnen, und gleichzeitig ehrlich darüber zu sein, wie sie reguliert werden.

UN-SDGs

Die Ziele für nachhaltige Entwicklung (Sustainable Development Goals, SDGs) der Vereinten Nationen sind eine Reihe von 17 miteinander verbundenen globalen Zielen, die darauf abzielen, eine "gemeinsame Blaupause für Frieden und Wohlstand für die Menschen und den Planeten, jetzt und in Zukunft" zu schaffen. Die SDGs wurden 2015 festgelegt und sollen bis 2030 erreicht werden.

Wissenschaftlich fundierte Ziele

Die Science Based Targets Initiative (SBTi) wurde 2015 von CDP, dem Global Compact der Vereinten Nationen, dem World Resources Institute (WRI) und dem World Wide Fund for Nature (WWF) gegründet. Die SBTi soll Unternehmen bei der Festlegung von Emissionsreduktionszielen unterstützen, die mit der Klimawissenschaft und den Zielen des Pariser Abkommens vereinbar sind.

Die UN-Klimakonferenz COP21 2015

Nach Angaben des Organisationskomitees des Gipfels war es das Ziel des Treffens 2015, zum ersten Mal in mehr als 20 Jahren UN-Diskussionen ein verbindliches und universelles Klimaabkommen zu erreichen. Das wichtigste erwartete Ergebnis war eine Vereinbarung, die globale Erwärmung auf unter 2 Grad Celsius über dem vorindustriellen Niveau zu reduzieren. Das Abkommen fordert, dass die menschlichen Treibhausgasemissionen bis zur zweiten Hälfte des 21. Jahrhunderts netto auf Null fallen. Die Länder würden auch "Maßnahmen ergreifen, um den Temperaturanstieg im endgültigen Text des Pariser Abkommens auf 1,5 Grad Celsius zu begrenzen". Experten zufolge werden die 1,5-Grad-Ziele zwischen 2030 und 2050 Null-Emissionen erfordern.

GRI-Standards

Die 2016 eingeführten GRI-Standards sind miteinander verbundene Berichtsstandards, die es Organisationen ermöglichen, öffentlich über ihre wirtschaftlichen, ökologischen und sozialen Auswirkungen und ihren Beitrag zur nachhaltigen Entwicklung zu berichten.

Pariser Klimaabkommen

Das Pariser Abkommen ist ein internationales Klimaschutzabkommen aus dem Jahr 2015. Es befasst sich mit der Anpassung an den Klimawandel, der Eindämmung und der Finanzierung. Auf der UN-Klimakonferenz 2015 in der Nähe von Paris, Frankreich, verhandelten 196 Länder über das Abkommen. Das langfristige Temperaturziel des Pariser Abkommens besteht darin, den Anstieg der globalen Durchschnittstemperatur deutlich unter 2 Grad Celsius gegenüber dem vorindustriellen Niveau, vorzugsweise 1,5 Grad Celsius, zu halten, wobei anerkannt wird, dass dies die Folgen des Klimawandels erheblich abmildern würde. Die Emissionen sollten so schnell wie möglich gesenkt werden, um bis Mitte des 21. Jahrhunderts Netto-Null zu erreichen. Um die Erderwärmung auf 1,5 Grad Celsius zu begrenzen, müssen die Emissionen bis 2030 um rund 50 Prozent reduziert werden.

Allianz für verantwortungsbewusstes Wirtschaften

Im Oktober 2017 wurde die EICC zur Responsible Business Alliance (RBA), um ihre erweiterte Reichweite und ihren Einfluss widerzuspiegeln. Die RBA ist die weltweit größte Branchenkoalition, die sich der sozialen Verantwortung von Unternehmen in globalen Lieferketten verschrieben hat.

Verantwortungsvolle Mineralien-Initiativen

Die Responsible Minerals Initiative, die 2008 von der Responsible Business Alliance und der Global e-Sustainability Initiative gegründet wurde, hat sich zu einer der am häufigsten genutzten und angesehensten

Ressourcen für Organisationen aus verschiedenen Branchen entwickelt, die sich mit Fragen der verantwortungsvollen Mineralbeschaffung in ihren Lieferketten befassen.

Gemischter Ausschuss zum Klimawandel

Im Jahr 2019 gründeten die Bank Negara Malaysia und die Securities Commission Malaysia den Joint Committee on Climate Change (JC3), um Lösungen zu beschleunigen und einen nahtlosen Übergang zu einer kohlenstoffarmen Wirtschaft zu gewährleisten. Ziel ist es, gemeinsame Maßnahmen zum Aufbau von Klimaresilienz innerhalb des malaysischen Finanzsektors zu verfolgen.

EU-Taxonomie

Die 2020 in Kraft getretene EU-Taxonomie für nachhaltige Aktivitäten ist ein Kategorisierungssystem, das definieren soll, ob Investitionen im Rahmen des europäischen Green Deals ökologisch nachhaltig sind. Ziel der Taxonomie ist es, Greenwashing zu verhindern und Investoren dabei zu unterstützen, umweltbewusstere Entscheidungen zu treffen. Klimaschutz, Anpassung an den Klimawandel, Kreislaufwirtschaft, Umweltverschmutzung, Wasserbelastung und Biodiversität sind die sechs Ziele, anhand derer Investitionen bewertet werden.

Schlüssel zum Mitnehmen

Obwohl nachhaltigkeitsbezogene Unternehmen immer häufiger eingesetzt werden und einige Unternehmen davon profitieren, verschärfen sich Umweltzerstörung und soziale Ungleichheiten weiter. Die Debatte darüber, was gegen den nicht nachhaltigen Trend getan werden muss, dauert noch an, die Fortschritte sind langsam und das Lernen braucht Zeit. In vielen Fällen sind die Nachhaltigkeitsleistungsmessungen des Unternehmens oft nicht standardisiert, unzureichend, ungenau und irreführend. Ein übermäßiger Verkauf nachhaltigkeitsbezogener Unternehmen ist kein guter Indikator für Erfolg. Echte Verbesserungen führen zu Änderungen bei Vorschriften, Investitionsanreizen, Denkweisen und besseren Messungen, Nachhaltigkeitspraktiken und Standards. Daher muss das Unternehmen heute die kurzfristigen und langfristigen Pläne für die Zukunft ausarbeiten.

Legen Sie noch heute den langfristigen und kurzfristigen Plan fest

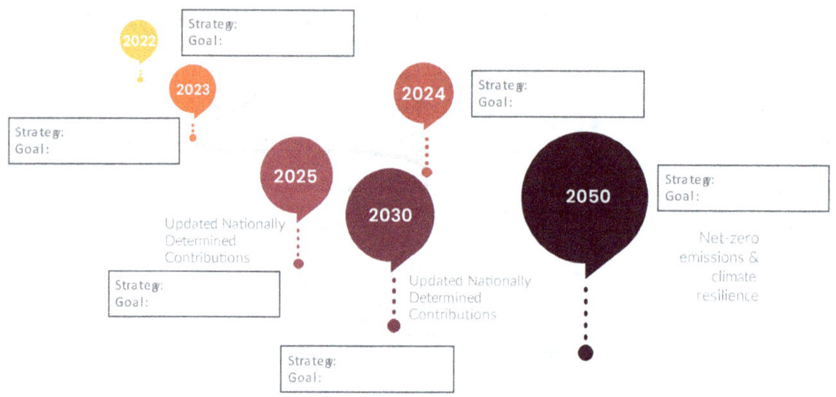

Abbildung 16: Nachhaltigkeits-Roadmap 2022 - 2050

Plan 2022 – 2025

Plan 2025 - 2030

Plan 2030 – 2050

Bibliographie

Barrett, Richard. 2001. "The seven levels of corporate sustainability." Working Draft.

Bonsu, N.O.,. 2020. "Towards a circular and low-carbon economy: Insights from the transitioning to electric vehicles and net zero economy." *Journal of Cleaner Production* 256: 120659.

Brundtland Commission. 1987. "Our Common Future: From One Earth to One World." *UN Documents.* http://www.un-documents.net/ocf-ov.htm.

Camilleri, Mark Anthony. 2015. "Environmental, social and governance disclosures in Europe." *Sustainability Accounting, Management and Policy* 6 (2): 224-242.

CDP. 2022. "CDP Global Supply Chain Report 2021." 2.

Elkington, John. 2018. "25 Years Ago I Coined the Phrase Triple Bottom Line. Here's Why It's Time to Rethink It." *Harvard Business Review.*

Farman, J.C., Gardiner, B.G. and Shanklin, J.D. 1985. "Large losses of total ozone in Antarctica reveal seasonal ClOx/NOx interaction. ." *Nature* 315(6016), pp.207-210.

Florea, L., Cheung, Y.H. and Herndon, N.C.,. 2013. "For all good reasons: Role of values in organizational sustainability." *Journal of business ethics* 114 (3): pp.393-408.

Freeman, H., Harten, T., Springer, J., Randall, P., Curran, M.A. and Stone, K. 1992. "Industrial pollution prevention! A critical review." *Journal of the Air & Waste Management Association* 42 (5): 618-656. doi:DOI: 10.1080/10473289.1992.10467016.

IIRF. 2013. *International Integrated Reporting Framework*. Accessed Dec 20, 2020. http://integratedreporting.org/resource/international-ir-framework/.

ILO. 2010. "ILO DECLARATION ON FUNDAMENTAL PRINCIPLES AND RIGHTS AT WORK AND ITS FOLLOW-UP." *Declaration adopted by the International Labour Conference at its Eighty-sixth Session, Geneva, 18 June 1998 (Annex revised 15 June 2010). 6 17.* https://www.ilo.org/declaration/info/publications/WCMS_467653/lang--en/index.htm.

IPCC. 2022. "Climate change 2022: Impacts, adaptation and vulnerability." IPCC Sixth Assessment Report.

Johnston, Paul and Everard, Mark and Santillo, David and Robèrt, Karl-Henrik. 2007. "Reclaiming the Definition of Sustainability." *Environmental science and pollution research international* 14: 60-6.

Maslow, Abraham H. 1943. ""A theory of human motivation"." *Psychological Review.* 50(4): 370–396.

Pojasek, R.B.,. 2012. "Planning a sustainability thrust for organizational governance." *Environmental Quality Management* 21 (4): 77-85.

Schwab, Klaus. 2017. *The fourth industrial revolution.* World Economic Forum.

U.N. Environment Programme. 2019. "Global Environment Outlook – GEO-6: Healthy Planet, Healthy People." Nairobi. doi:10.1017/9781108627146.

U.N. General Assembly. 2015. "Transforming Our World, the 2030 Agenda for Sustainable Development." *Take Action for the Sustainable Development Goals.* http://www.un.org/ga/search/view_doc.asp?symbol=A/RES/70/1&Lang=E.

U.N. Global Compact. 2004. ""Who cares wins: Connecting financial markets to a changing world."." New York.

—. 2018. "Roadmap for Integrated Sustainability." Accessed 8 18, 2022. https://www.unglobalcompact.org/take-action/leadership/integrate-sustainability/roadmap.

Zomer, T., McAloone, T.C. and Pigosso, D.C.A.,. 2022. "To What Extent Is Circular Product Design Supporting Carbon Reduction Strategies? An Analysis of Nordic Manufacturing Firms within the Science-Based Targets Initiative. ." *Proceedings of the Design Society* 2: 1189-1198.

www.ingramcontent.com/pod-product-compliance
Lightning Source LLC
Chambersburg PA
CBHW050043260726
48658CB00005B/1745